U0042840

IN MINIATURE

艾菲爾鐵塔到底能縮多小

HOW SMALL THINGS ILLUMINATE THE WORLD

賽門・加菲爾／Simon Garfield——著　吳芠——譯

獻給潔絲汀

製作一個半公分高的東西，
會比你試圖造出整片天空，更可能對宇宙有所領悟。
——瑞士雕塑家阿爾伯托．賈克梅蒂

這世上變大會更好的東西，只有那話兒。
——美國設計師喬治．洛伊斯

目錄

伊莉莎白公主腳下的王國。
一九三〇年代攝於貝肯斯科特模型村。

前言　觀看的藝術

不久之前，「大」是主流。大包裝具有較高的價值。百貨公司裡什麼都有，德州也是如此。《大英百科全書》內包含所有知識，占據了客廳書架六分之一的空間。

後來，「小」即是美。玩具貴賓犬、迷你車、精品店、新式烹調、會員制俱樂部、堆疊椅。再來，到了科技時代，更小的東西成了一切：微晶片、微波爐、入耳式耳機、放在你口袋裡的一千首歌、奈秒、迷你漢堡。

在那之後一陣子，我們來到了現在——一切又大得令人困惑。平面螢幕、空中巴士A380、龐大難解的全球經濟和資安困境、巨石強森。

尺寸是一回事，比例又是另一回事。而本書談的是比例，尤其是微縮世界如何說明整體世界。本書在根本上關於注視，也關於觀看；而這可能有助於闡明事物。我們縮小事物以理解與欣賞它們。有些東西太大，無法以原尺寸看清全貌——或許是一棟建築物，或一場戰爭——但縮小為十二分之一以後，就變得可以理解了。雕刻家、場景設計師、詩人之類的藝術家透過微縮品工作，由於得以看得更細，也參與得更深，我希望本書也能達到同樣的效果。

這也是一本關於樂趣與眼界的書，一份禮讚。微縮品幫助我們想像出更宏大的計策。我們以極其精細的眼光注視鐵道模型中的號誌樓，並小心維護它，卻甚少這樣對待原尺寸的號誌樓。人類登陸月球之前，有至少一位美國太空總署的科學家辛苦地靠英國電視影集《雷鳥神機隊》裡的木偶和火箭汲取靈感。設計未來城市的建築師一定要先用模型進行規劃，而那座模型或許是他們曾嘗試該事的唯一證明。

我們接下來在本書中遇到的微縮品未必都很小。漢堡的微縮鐵道以它是世界上最大的微縮鐵道為傲；拉斯維加斯的威尼斯人飯店可容納四千位房客，設有運作自如的貢多拉供不懂浪漫的旅客搭乘。但本書談到的東西，相對於其所微縮的對象，就比例而言都是微縮品。

微縮品的英文miniature一詞源自書籍的世界，但在藝術的世界普及。印刷機出現以前，書籍尚由抄寫員寫成、插畫則手繪而成，這個單字由義大利文*miniatura*演變而來，又可上溯自拉丁文的*miniare*，意思是用鉛丹上色。十六世紀之前，人們很少使用miniature一詞，到了十六世紀，這個詞開始廣泛指稱illumination（闡明、照亮），而逐漸與limning（小型肖像繪畫）混用。此後，任何小型的東西都可以稱為miniature，即中文的微縮品，而這個單字在一六三〇年左右開始被普遍使用。本書後續章節將檢視袖珍書和袖珍肖像的發展，兩者都將證實，唯有經過仔細審視，才能揭開其中的奧祕。

我用簡單的定義區分微縮品和純粹小型的東西：微縮品必須是較大物件的縮小版本，或可導向較大物件，而且本身經過有意識的創造。它也履行了微縮品的職責——解釋概念、解決謎題、喚起記憶。作為紀念品的建築物鑰匙圈就符合條件，雖然不太有趣；迷你琴酒也是；福斯金龜車則不算，史上最小的頂針也不是，不管這些東西的收藏家有多熱中都一樣。迷你吧和小型玩賞犬在合格邊緣，盆栽藝術也是，其中的「小」透過刻意修剪栽種而創造出來。沒有人會對五歲小孩用塑膠做成的玩具貴賓狗美勞作品感興趣。你還可以訂定更多規則，限定長寬高，就像航空公司限制手提行李大小那樣，但很快就會發現，微縮品在我們的世界占據的空間足以創造出一個與生俱來的位置：只要看到，你就認得出來，而且過了一會兒，你的眼中可能就容不下其他東西了。

微縮世界擁抱控制。我們童年時期喜愛的玩具在年幼時植下稀有的力量，賦予我們成年人擁有的力量，甚或是巨人的力量。玩具車、娃娃、塑膠維修工具箱不只可操控在手中，更讓我們成為征服者。除非持續玩耍到成年，否則我們可能永遠無法再這樣統治世界。那些在小屋和閣樓裡戴著火車駕駛帽玩模型的男人，他們的妻子早就跑了。然而他們的妻子自己也瘋狂著迷於瓷器、小小玩具家族、刺蝟毛線娃娃收藏品、毛氈做成的寶物。誰會為這些人發聲？我們埋首在自己創造出的小型宇宙，把其他一切都排除在外，這就是本書的核心。有些人蹲伏身子細看微小處，彷彿整個世界都仰賴於此，他們之所以這麼做，是因為他們的世界確實仰賴於此。

微縮世界不只是聚集微縮品的地方，而是充滿活力又有深厚根源的生態系統。微縮化的心理學是一門引人入勝的學科，雖然這個領域本身十分微小，卻暗藏了錯綜複雜的道理。我對本書各章的構想也類似於此。

法國人類學家李維史陀已觀察到微縮品可能澈底翻轉我們理解客體的方式：我們不再零散逐步地檢視它，因此或許可以慢慢發展出對全貌的理解，因見其整體而秒懂——用他所謂的「可知向度」取代「可感向度」。這是一股人性化的驅力，這是我們何以替具侵略性的大型建築物取親切幽默又使之縮小的名字：占據倫敦市中心的建築物被取名為小黃瓜、對講機、起司刨刀——交替使用可食用與可手持的東西——這些不只對我們來說是有趣的綽號，對建築物的擁有者和建造者也很有用，把本來可能令人反感又具威脅性的東西，馬上轉變得較友好又看似小了點。

沒有了模型，我們很難理解事物。超過兩百年來，模型都是博物館展示品的一部分，而且小孩子第一次參觀博物館的經驗之所以難忘，常常就是因為與這些模型相遇。玩賞小小事物的欲望轉變為創造小小事物的欲望，這兩個階段都回應了人類對掌控的需求。我們活在巨大而憂傷的世界，僅只是控制這世界中縮小後那微小的一部分，就有助於恢復秩序感與價值感。我們可能沒有辦法參加世界盃足球賽或萊德盃高爾夫球賽，但永遠都可以玩桌上足球和迷你高爾夫。無人機不就是現代的遙控模型飛機嗎？地球儀不就濃縮了我們對地形的所有理解嗎？

我認為，少了業餘愛好者，我們也將很難理解事物。這世界因棚屋和閣樓裡的熱忱及獨創性而進步（蒸汽引擎、個人電腦），擁有怡品電子會員卡和早期電路板的微縮創作者幾乎都是業餘者。在世人懂得欣賞與珍惜他們的作品之前，他們只感受到內在的熱情與家人的反對。本書意圖將這份讚賞加倍放大，我們應該留意，業餘者的英文amateur源於拉丁文*amare*，意思是愛。

但我們還是要問：面對有著蟋蟀走過綠地的模型村，旁邊還有迷你消防員爬上迷你梯子，查看迷你茅草屋頂上的迷你破損處，我們該怎麼解釋？誰設計這些東西，造訪這些地方？關於我們的生活，它們能告訴我們些什麼？當伊莉莎白公主走在白金漢郡貝肯斯科特模型村的房屋之間，她是那天下午唯一一個相信自己統治了那個王國的訪客嗎？

我幾乎不需要特別說明，這本書無意成為百科全書或說明書（你們從本書的開本就能明白）。本書除了介紹投入微縮品製作的人，也試圖闡述幾樁微縮品相關的關鍵事件所構成的歷史，並呈現微縮品這樣的形式如何提供我們更深的理解。我們因而得以（也經常能夠）探索人性更寬廣的面向，若沒有經過縮小，就無法以這種方式探索。

微縮世界並未受到監控，我們應該對此心懷感恩。微縮世界的創造者不是大企業或委員會，而是堅定投入的人。透過這種方式，微縮世界得以追求藝術境界：當它發揮極致，可能帶來啟發與深刻的意義。至少，當我們面對心靈以為已瞭若指掌的事物，它可以擴展知覺。

本書的主題設定使這份分析注定是一份縮影，或許最好把這本書視為名為「世界」的這座模型村的簡史。這座模型村又大又歡迎眾人蒞臨，但並非無所不包。如果你想了解森林家族或Dinky模型車或樂高的歷史，你會大失所望，但如果你想買賣跳蚤馬戲團、一千個迷你希特勒、《美國天使》場景設計師使用過的旋轉模型盒，那麼算你幸運。

本書所談的微縮品幾乎全都是手工製作。近來，這類物品——袖珍書、複雜的模型鐵道、象牙上泛著微光的肖像——被歸入自造者運動（maker movement），或也是慢活運動（slow movement）的一部分。它們常是時間的產物——未必總是懷舊，但經常使人想起童年，或童年的神話。當然，我們也會進入狂熱者的競技場，然後尋思這世界上還有沒有比那更令人嚮往的地方。

充滿力量的奇幻王國和好萊塢超出了我們的村莊範圍，所以本書只能簡短提及《格列佛遊記》，並騰出極小的空間給縮小時空的交通工具或電影《縮小人生》。（跳蚤馬戲團被算在內，並不是因為跳蚤——我對小型事物本身沒興趣，對大自然中生來就微小的東西更沒興趣——而是因為那是迷你馬戲團。跳蚤們在馬戲團中嘗試做到在人類世界既存的活動——跳芭蕾舞、持劍決鬥、駕駛郵車，真是奇觀。跳蚤馬戲團的訓練有個專屬學科：跳蚤學〔pulicology〕。這位讀者，這下你肯定沒辦法放下這本書了吧……）

微縮品有意義不是什麼新鮮事，但也不是小事，所以很難理解為什麼那麼少人書寫微縮品的共同價值，至少對我來說是如此。對微縮物的渴望始於童年，通常在成年接近時就被拋下，就像火箭急速飛向月球時，助推器從上面脫離：青少年不要玩具車，他們想要真正的車子。如果他們不想要真車，別人或許會覺得他們很古怪，而正是這份古怪吸引了我們。在我進入微縮世界之前，我看到家附近娃娃屋專賣店門口的告示牌寫著「這不是玩具店」而心存懷疑。因為我想，不然它還能是什麼呢？但當我鼓起勇氣走進去（那家店燈光昏暗、氣勢懾人又位在金屬格柵後方），我見到帶有真實細線的網球拍、小到連老鼠的下午茶時間都不夠吃的馬麥醬、還有另外數百個日常到不需要提的小東西。那不是玩具店，是一整個宇宙。這家店使出了常見的微縮把戲：其存在本身就蘊含了難以磨滅的信念。而且，因為所有東西都是微縮物，沒有什麼看起來很小。我感覺那家店相信外面的車子都是大卡車，郵筒則像古根漢美術館一樣大。

早在路易斯．卡洛爾[1]和量子物理學提出類似概念之前許久，世界裡的世界就已經存在。微縮品的歷史可追溯到古代，我們不可以簡化這條發展路徑上的連結。古羅馬哲學家盧克萊修的觀察是正確的：「微小事物可提供對偉大事物的類比，顯示知識的軌跡。」詩人蘇珊．史都華在《論渴望》中表示，我們寄居於一個白日夢中，盼望有一天，微縮世界可能揭露出祕密人生。這場白日夢有其內在邏輯：當我們掉進這個兔子洞，應能立即原諒任何認為廣大日常世界才正常的人。

我在以下章節中將要——我希望能夠——讚頌並釐清我們對於縮小事物以掌握其本質的著迷。再過不久，埃及法老、英國廢奴主義者、搖滾樂手洛．史都華都將發表看法，還有一位來自芝加哥的女士，她相信偵破罪案的唯一方法就是將之化約為最小的構成部分。但故事始於一百三十年前巴黎市中心的一個大事件，居斯塔夫．艾菲爾於一陣強風中登上他的高塔，而激動人心的人類工程正在改變我們自古以來觀看世界的方式。

1 《愛麗絲夢遊仙境》的作者。

「彷彿某個沒入海底的傳奇城市」：
一九二四年，維修工人在艾菲爾鐵塔上見到的景象。

CHAPTER 1 高處的風景

一八八九年春末，艾菲爾鐵塔開幕之後，在眾人以各種方式表達憤慨與歡欣時，有一種反應連其建造者都感到吃驚。訪客非常震驚地發現，這棟世界上最高的建築物忽然讓周遭的世界都縮小了。

任何爬上三百六十三階登上第一層平台、再經過三百八十一階抵達第二層平台的人都需要鼓起無比的勇氣，然後他們將以全新的眼光觀看腳下的世界。有一種現在已是老套的說法，在當時可謂令人耳目一新：人們變得像螞蟻一樣。現代主義的誕生就像這樣：一種所有事物皆不斷向上發展的感覺，加上看到井然有序的一切所創造出的全知感。從上往下看，巴黎既是地圖，也是隱喻。除非你過去曾乘著氣球飄浮，否則這必定是你第一次見到這世界以等比例縮小：都市規畫師奧斯曼修建的大道變成一個個方格；下方的世界博覽會像一顆閃爍光芒的聖誕樹裝飾球，混亂擾嚷暫時平息了下來。登高望遠的激動感結束在極樂的安寧境界：馬糞與煤灰的臭氣就此蒸發。天氣晴朗時，視野可延伸至楓丹白露與諾曼第，抵達多佛白崖以及比利時不光彩的滑鐵盧戰場，然後，再往更遠處，直達萬物澄澈純淨的未來。

因為這一切都是全新的，所以也值得眾人注目。頭幾個月爬上艾菲爾鐵塔的人詳細記錄見到的景象，因為他們觀看的方式就和那座鐵塔一樣嶄新。在今日閱讀他們寫下的散文，我們或許仍能聽見他們沿著支架走動時不斷發出的驚歎。「他慢慢爬上去，右手扶著欄杆。」一位記者談及他在正式開幕前跟著艾菲爾登上階梯（就連攀爬本身都是新奇的；在那之前，最高的定點景觀位在聖母院）。「他的臀部左右搖擺，依靠晃動的衝力登上每一階。」甚至在第一層平台上（一百九十英尺高），「整座城市已看起來靜止不動。行人與馬車的剪影就像墨水灑在街上的小黑點。」高度繼續攀升，直到九百英尺高，「巴黎沉入黑夜，彷彿某個在低語聲與教堂鐘聲之中沒入海底的傳奇城市。」

幾個星期之後，當艾菲爾鐵塔向大眾開放，另一個人描述他的觀察：「在比世界高上九百七十五英尺的地方，人們變成了小矮人……所有本來看起來很大的東西都消失了。」艾菲爾本人描述鐵塔「啟迪靈魂」，暗示它可能達到目前為止不可能發生的無與倫比的形式——一個更高、失重的平台。一位《時代報》記者發覺自己突然感受到「一股無法形容的憂傷，一種理智虛脫的感受……」在三百五十英尺高的第一層平台上，「大地依然是人造奇觀，還可以用一般的比例尺來比較以理解眼前景物。但到了一千英尺高，我覺得已完全超出正常狀況下的經驗。」藝評人羅伯・休斯觀察到，對於頭幾個月登上鐵塔的眾人而言，看到的景觀「在一八八九年意義重大的程度，就相當於八十年後從月球看到地球的景象。」

高處的風景繼續迷倒眾生：從倫敦碎片大廈或紐約帝國大廈往下望第一眼的感覺，頗像一八八九年震懾巴黎人的刺激感那麼誘人。艾菲爾鐵塔開幕後三十年，作家懷娥特・崔佛希斯在飛機上經驗到同一種刺激感。她稱自己為一顆「微不足道的原子」，感受到舊有的自我死去。她看到「小鎮散布在一張小地圖上，以及一片小小的海」，於是她想，「這世界真是個討人厭的小地方。人類的存在已澈底抹滅……我認為我突然奇蹟般地擺脫了所有的小心眼、心靈上的狹隘之處、所有欺瞞的傾向。」那謙遜加上敬畏的古怪組合——在雲朵之中，我們多麼無足輕重，但朝著雲朵前進這件事意義卻多麼重大——無論在任何季節或門票價格多高都一樣；那是在比例上進行冒險，以及重新看待我們的世界。艾菲爾鐵塔讓我們登上一千英尺高，早期飛機的高度則為三千英尺；從任何高度看，下方的風景都是微縮品，而下方那座城市是我們的。

艾菲爾將他的鐵塔設計為形式力量的象徵、一項壯舉（法語 *tour de force*），此勝利由這座科技產物贏得，它橫跨在一座向來因細緻美學而備受喜愛的城市上。令人頭暈目眩的高度是其優點，也是重點。這是沒有目的的象徵手法，無怪乎這麼多文學名家反對它。其中又以莫泊桑的反彈最強，他把艾菲爾鐵塔歸類為「永遠存在的痛苦夢魘」。他的憎恨在鐵塔開幕後有增無減，傳說他為了躲避鐵塔而逃離巴黎以前，被迫時常光顧第二層平台的一家餐廳，因為那是全巴黎唯一一個不必擔心看見鐵塔的地方。作家友人里昂・布洛瓦也與莫泊桑同仇敵愾，形容艾菲爾鐵塔為「實在悲慘的路燈柱」。

但當然，大眾熱愛艾菲爾鐵塔，至今依然。第一個星期有將近三萬人花四十分錢爬上第一層，一萬七千人再多付二十分錢登上第二層。一八八九年五月至十月世界博覽會期間，將近兩百萬人登上至少一部分的台階，許多人很開心在半途的辦公室遇到了艾菲爾先生本人。他在這裡接待了愛迪生、水牛比爾、神槍手安妮・歐克利、俄羅斯的弗拉基米爾大公、希臘的喬治國王、威爾斯親王。

但除了縮小腳下的世界之外，這座鐵塔還有什麼用途？其創造者困擾於別人可能認為它無關緊要或傲慢賣弄——甚至是個玩具，而努力建立其價值。（若說鐵塔投資者沒有這種疑慮是合理的——這座鐵塔在頭五個月就賺進將近六百萬法郎的門票。）但艾菲爾貪圖的不只是財富，他在鐵塔第一層平台刻上超過七十位法國科學家的名字，以正當化他這座紀念碑，或許也代表自己的成就可與他們相提並論。他強調自己的鐵塔在天文氣象方面有許多用途，甚至萬一巴黎遭到攻擊，艾菲爾鐵塔可能在防禦上扮演要角。

然而儘管如此，艾菲爾鐵塔本質上是個玩具，電梯的存在也讓它成了遊樂設施，人人都可以輪流搭一回。對於富有的新手實業家來說它是個玩物，而對所有人（法語 *tout le monde*）而言，登上艾菲爾鐵塔是一日壯遊。社會大眾完全不需要鐵塔工程師所追求的科學正當性，他們愛這座鐵塔，只因它是個奇觀。

然而，另一個現象開始出現在艾菲爾鐵塔：在參觀當日尾聲，能把鐵塔帶回家。艾菲爾鐵塔的開幕代表大量消費紀念品的誕生，以及工廠製模型的開端。波斯國王離開時帶走了一支附了鐵塔的枴杖，以及二十幾個鐵製的迷你鐵塔，數量足以分給後宮妻妾。訪客在每個轉角都可以見到小飾物，每層樓都有販售亭。不難預期，莫泊桑也不喜歡這點：人們不只在城市裡每個角落都能看見這座鐵塔，「用已知的各種材質製成的鐵塔還到處都是，在所有櫥窗裡展示⋯⋯」艾菲爾鐵塔不只縮小了世界，也縮小了你壁爐台上的世界。從此以後，一個象徵物只有在也成為返家行囊的一部分時，才真正成為地景的一部分。

有人販售艾菲爾鐵塔形狀的糕餅點心和巧克力。手帕、桌巾、餐巾環、燭台、墨水台、錶鏈——任何可以做成又高又呈三角形並附有尖頂的東西。其中又以鑽石塔（法語*Tour en Diamants*）最為璀璨耀眼，一共有四萬顆鑽石，就在艾菲爾鐵塔影子下的喬治・佩蒂畫廊裡展覽。但其他每一間商店裡都有以較不珍稀的金屬製成的艾菲爾鐵塔，且在近一百三十年後，製造速度仍未減緩。艾菲爾認為紀念品的製作權可以任他買賣，他獨家授權奧斯曼大道上的春天百貨使用鐵塔的圖像。這份協議只維持了幾天，直到其他巴黎商家提出集體訴訟，爭論這樣壯麗的空中一日遊應由全民共同歌頌享用。

「紀念品」的外文souvenir，想當然爾是個法文單字，其意譯說明其目的：紀念（該單字稍早的版本出現在拉丁文中：*subvenire*——憶起）。微縮紀念品無損它的價值，因為它的不完整性帶來了力量：激起人們想要記得與述說其故事的渴望。夕陽下的艾菲爾鐵塔，手裡握著酒杯，只有你倆，我們將永遠擁有巴黎——這種經驗絕對沒辦法縮小。

當然，真正的微縮創作者只有親手做出紀念品才會滿足。我們在本書中將時常遇到有人把微縮創作當成耗費心力的嗜好，也會發現擁有微縮品只能稍微饜足我們操縱縮小世界的胃口；我們必須同時滿足人類與生俱來的「創造」需求。手工製作艾菲爾鐵塔永遠都有

七十公斤的火柴：
維泰爾一家在客廳進行最後修飾。

挑戰性，但用看似不可能且顯然愚蠢的方式製作出艾菲爾鐵塔才是終極挑戰。所以，在第一個例子裡，我們應該對一位紐約牙醫系學生的努力與成功表達欽佩，他在一九二五年用一萬一千根牙籤建造了一座艾菲爾鐵塔模型。《大眾機械》雜誌的報導中拍攝了那位穿著長白袍的學生在比他高一點點的模型上「進行最後修飾」，整個計畫需要鑷子、膠水，以及大約三百小時。而且這座模型具有科學上的正當性：該位不知名的學生藉由建造牙籤模型，證實了真實鐵塔的三角結構有多麼堅固（倒不是說在數以百萬的人登上艾菲爾鐵塔之後，這件事真有證明的必要）。

一九五〇年代，一座五英尺高的模型在布宜諾斯艾利斯完成，這次的材料是世界各地收集而來的牙籤：製作者在國際媒體上徵求捐贈之後，得到數百人的熱情回應，他們把自己手邊的碎木片寄來，彷彿響應緊急賑災。在那之後，鐵塔迷的材料選擇從牙籤換成火柴就只是遲早的問題了。果然，一名叫霍華．波特的底特律男子花費所有時間，把一千零八十根小火柴、一百一十根用於壁爐的較大火柴、（十分懷舊的）一千兩百根牙籤黏成一比二百五十的艾菲爾鐵塔模型。如同那位紐約學生所做的模型，這也花費了約三百小時。但這些比起法國鐘錶匠喬治．維泰爾及其家人都是小巫見大巫——他們花了幾年和估計五十萬根火柴打造了一比一百的艾菲爾鐵塔模型。法國媒體於一九六一年歌頌這座模型時（「用火柴做的艾菲爾鐵塔！」〔法語 *'La Tour Eiffel - En Allumettes!'*〕），它已大到幾乎可以攀爬。更棒的是，或者說更糟的是，那七十公斤模型的內部結構仿照原鐵塔，電力使鐵塔內的電梯運轉，點亮鐵塔內餐廳的燈光。維泰爾一家不是住城堡，而是住在巴黎南部大約三十公里遠的格里尼一幢安靜的郊區房屋，所以這個團隊在建造模型時必須把它分成上下兩部分，兩部分的高度都足以碰到客廳天花板。他們有一台電視，但被鐵塔模型擋住了。製作這個模型是維泰爾一家充實人生的一環，抑或暗示他們對人生太失望，唯一可做的就是拴緊門製作火柴模型？

一個微縮品，一個甚至可以碰到天花板的微縮品，是有形的紀念品，紀念我們在這星球上的微小痕跡。我們說：我們製作了這個；我們買了這個。我們理解並欣賞它。有時候，我們控制它。這些是人類的根本欲望，存於我們生命的核心，也是本書的核心。但當我們相信來自這世界的微縮紀念品可能被繼續帶往下一個世界，又會發生什麼事呢？

前往地下世界的安全通道，以及死後的休閒：
羅浮宮塞提一世陵墓中的夏巴堤司人偶。

同場加映

西元前三〇〇〇年的埃及棺材

一八一七年十月十六日，偉大的義大利埃及學家貝爾佐尼指示工人開始挖掘尼羅河西岸帝王谷一座陡峭丘陵的山腳。挖掘工人半信半疑：這個積水的地方怎麼可能有任何東西？（超過一世紀後，人們才發現附近的圖坦卡門陵墓。）第二天將結束之際，貝爾佐尼的工人在地底十八英尺碰到了石頭。那塊石頭是塞提一世的陵墓入口，他在西元前一二七九年去世之前，擔任埃及法老超過十年。那座陵墓經過精心規劃且保存良好，其中藏有證據，能證明我們曾將重責大任託付給微縮品。

貝爾佐尼先生是一名穿著高領、打扮講究的男子，身處高級時尚殿堂與在坍塌的木乃伊坑裡一樣自在，還喜歡用盜墓的冒險故事讓聽眾吃驚（他早年失意時在倫敦的馬戲團擔任大力士，於是發展出表演技巧）。他曾寫到在底比斯考古的事蹟，他在那裡走動時曾臉部直接接觸了腐蝕的木乃伊，也在那裡「躲不掉上方滾下來的骨頭、腿、手臂、頭顱而被埋住。」他用同樣戲劇性的方式描述自己走在帝王谷下方深處的房間，在那遇到深井和隱密的邊間，裡面有看起來好像昨天才畫上的象形文字與繪畫（裡頭有七條廊道連接著十個房間）。他挖掘地道進入立了柱子的大廳，發現有階梯通往一些房間，分別被他命名為美人廳（牆上有女人的繪畫）、公牛廳（裡頭有一頭被製成木乃伊的公牛）、神祕廳（無人知曉）。他找到了木製雕像與莎草紙卷，繼續向更深處前進，來到最後一個墓穴，裡頭有一尊刻有華麗紋飾的雪花石膏棺材。他寫道，「繼續描寫這天堂般的地方毫無用處，因為我可以保證，透過我不值一提的文筆，讀者對這個地方只能形成非常模糊的概念；然而，假如我有幸能在歐洲打造與這個墓穴一模一樣的模型，觀者將承認，想要如實描述它是不可能的。」

貝爾佐尼在一八二一年真的將他的一些發現帶到倫敦的皮卡迪利圓環，結果吸引了大批群眾。除了其他珍寶，貝爾佐尼還帶了幾尊陪葬在塞提國王墳墓中的精細小雕像，用上了藍釉的陶瓷製成。這些是夏巴堤司人偶（shabtis），高度介於七至九英寸，在埃及的死後世界中分別扮演不同的象徵角色。每尊都透過在死後世界進行體力勞動來釋放這個遊走中的亡靈，夏巴堤司交叉在胸口的雙手透露了它們各自的任務：一個花瓶可以讓主人免於服侍或葡萄園的工作；籃子則免除了收割或其他相關農務。西元前二〇〇〇年左右下葬的人可能只有一兩尊夏巴堤司相伴前往下一個世界，但在稍晚的朝代，生於西元前三〇〇至三〇年、較富裕的埃及靈魂則享有數百尊夏巴堤司陪葬。有一陣子，陪葬人偶的數目變成了四百零一個：一年中的每一天都有一位工人，還有一排「監督者」握著鞭子，確保工人守規矩。

夏巴堤司絕非最古老的人形微縮品代表。這份榮譽屬於維納斯小雕像，這種雕像通常裸體而身材肥胖，只有幾公分高，時間可追溯至四萬年前。目前所知這種豐滿雕刻品只有約兩百尊，而後來出現的夏巴堤司卻有數萬尊（夏巴堤司隨發源地的不同，也稱為ushabtis或shawabties）。夏巴堤司以石灰岩、花崗岩、雪花石膏、陶土、木頭、青銅、玻璃製成，但最常見的是以砂為基底的藍綠色陶瓷，稱為費昂斯（faience）。

由於夏巴堤司無所不在，在世界各地的埃及學系都可能看到正在進行各種送葬工作的夏巴堤司。開羅的埃及博物館有四萬尊。最精美的雕像中，有些位於英格蘭西北部的機構，包括羅奇代爾、斯托克波特、馬格斯菲特、沃靈頓的博物館，許多展覽聚集了來自十九世紀實業家與紳士考古學家的私人收藏和「珍寶閣」(cabinets of curiosities)。大英博物館也藏有大量的夏巴堤司，其中包括塞提一世陵墓中保存得非常好的小雕像，也就是貝爾佐尼兩百年前發現的雕像之一，外型如同迷你木乃伊，戴著條紋皇家頭飾。這個雕像帶著兩種工具——鋤頭和鶴嘴鋤（一種古老的十字鎬），上面刻了一段死亡之書（Book of the Dead）的文字，該書集結了確保亡靈安全通往陰間的咒語。

我們不清楚貝爾佐尼自己是否安全通往死後世界，但至少他留下的遺產被保住了。他於一八二三年在奈及利亞死於痢疾，或謀殺，但人們仍在探索他一八一七年挖出的底比斯世界，幾乎每年都有令人興奮的新發現。二〇一六年，在路克索附近工作的波蘭地中海考古學中心團隊，於一座無名小山丘中未經挖掘的墓地發現了大量夏巴堤司。他們找到了超過一千塊碎片，可拼湊成六百四十七尊雕像。其中可區辨出十三個不同的種類——多數以泥土、陶土或雪花石膏製成——而且，儘管這些雕像中有工人或監督者，卻都沒辦法連結到一位明確的主人。它們外型簡單，大部分並不精準又模糊難認，大約二至五英寸高。許多雕像看起來像在倉促間設計完成，有些看起來幾乎只是小樁子。

考古學家於是想，會不會品質較好的雕像之前就被盜墓者拿走了。剩下來的絕大多數都是些為擁有人脈的平民所製成的護身符，這些人各自帶著兩、三個粗糙的符咒進入未知世界。難以定義的外型加上每個人擁有的雕像不多，揭示了我們熟悉的邏輯：就算是微縮品，就算在三千年前，有錢人的死後世界還是和窮人大不相同。雖然有違常識，但每個人似乎都相信，你確實可以帶走些什麼。

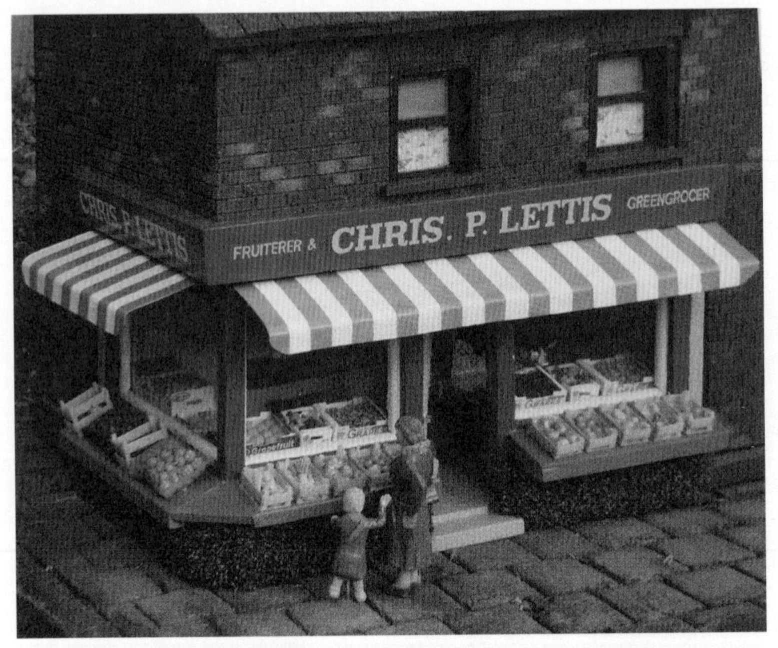

花椰菜與甜瓜組成的陰鬱世界[1]：貝肯斯科特模型村擺出痛苦的貨物。

CHAPTER 2 模型村與模型城，有些特別幸福美滿

一九二五年五月二十七日星期三，一位《堪薩斯城星報》的記者蘭登·萊爾德為一項特殊任務抵達密蘇里州春田市。另一位《聖路易斯郵報》的記者尼邁耶正在路上，即將加入。他們在忙些什麼？答案是要去位在海濱公園的模型村「小小鎮」（Tiny Town），當日是開幕第三天，引來前所未有的大批人潮。前來參觀的人說他們從未看過類似的東西，而這是因為過去從沒出現過類似的東西——密蘇里沒有，其他地方也前所未見。

小小鎮包含一千兩百棟建築，以及所有你預期在現代都市區會出現的文明設施。房屋以木頭、磚塊、水泥蓋成，從平房到華麗的殖民地住宅都有。裡面有一間鎮公所、幾所學校、一間藏有袖珍書的圖書館、設備齊全的遊樂場和許多教堂。所有房屋內部都經過好好裝飾，多數有電力供應。城內有一個商業區和幾個住宅區，當地的道路承包商受雇確保路

1 此處原文「melon cauli world」取「melancholy world」（陰鬱世界）的諧音。

面可以應付惡劣天氣。因為那是一九二五年，當時馬廄已經落伍了，車庫正流行，在思想前衛的小小鎮裡，許多房子都有小小車輛在車道裡。小小鎮對外開放前一週，《密蘇里春田共和報》注意到這個小鎮就快要出現水面閃亮的湖泊，還有「各種葉飾呈現出綠樹成蔭，精心擺設的灌木叢劃分出大道邊界，同時裝點草坪。」小小鎮的比例為一英寸比一英尺，占地二百五十英尺乘一千英尺。

這座小鎮由春田市各校的孩子共同建造，目的是教導他們公民治理，所以也由小孩來管理。校內選舉有百分之九十八的投票率，熱心的學生娜歐蜜、黛絲、瑪格麗特打破成人世界的所有性別慣例，分別獲選為市級法官、遊憩局長、都市規劃局長。未來想必就是這樣！不過，這份未來的光景只持續到下一個週日，《密蘇里春田共和報》在那天如常報導：「男孩們蓋了房屋、車庫、教堂、發電廠」，而「女孩們在各種住宅繪上植物、規劃室內布置、配色、測量尺寸並掛上簾幕。」

小小鎮本來預定開放五月二十五日到六月六日共兩週，但因為太熱門了，孩子們投票決定再延長一個星期。訪客們首先在《小小鎮時報》上讀到延期的消息，這份日報在小小鎮內排版完成。儘管命名如此，所有報紙都稱小小鎮為一座城市。所有人都驚歎不已——真是個執行完美的美妙計畫。上一次所有大報都到春田市來，是近二十年前來報導一樁私刑，兩次形成頗為強烈的對比。

小小鎮源自春田市一位房仲威廉・強森的商業點子。大人的門票要價二十五美分，兒童票十美分，可以抵掉建造的成本。但他真正的目的是促進真實尺寸的房屋交易。強森注意到新建房地產價格暴跌，於是向商會提議，就算只是因為行銷而使價格稍微回升，也能產生信心與動能，鼓勵新的房屋買家投入市場。若是無法大規模進行，他們可以試試較小的規模。「如果可以引導男學童蓋微縮房屋，那麼蓋房子的風氣可能也會感染這些學童的家長。」報紙裡的一則廣告無疑受到了感染：「小朋友正在蓋房子。」廣告主伯頓建屋貸款協會提議：「何不為自己蓋一個家？別只做夢——實現夢想吧！」

小小鎮在三週之後結束。沒有可信證據指出當地建築產業因小小鎮而受惠，或者那些受鼓勵而貸了新款項的人如何因應隨後的經濟衰退，但這場展覽鐵定讓春田市出名了。美國有很多春田市，但在一段微小的時光內，密蘇里州春田市光芒耀眼的程度可不輸後來霸子辛普森所在的春田市。而且，隨之而來的關注可能對人口成長有正面影響：一九二〇到一九三〇年，春田市的人口增加了百分之四十五，到達五萬七千五百人。儘管有幾棟模型房屋為製作者贏得獎項，被擺在市內商店櫥窗裡，但多數模型屋都遭到摧毀，那塊地再次被夷平。小小鎮運行的三週期間，沒有傳出犯罪或酒醉鬧事的消息。那是一座乾淨又有效率的城市，創造出這座城市的年輕人若在進入成年後生出懷愁，是可以諒解的。

二〇一七年十一月，三個八至十歲的小孩在從另一座模型村回來的路上，討論著他們最喜歡什麼。尼可拉斯說他以為會有很多塑膠質感的東西，結果比想像中更加多樣化。雅典娜說她以為可以拿起建築，把裡面的細節看得一清二楚，就像娃娃屋那樣，那就會比較像樂高也更稚氣一些。他們都喜歡裡面的運河，而卡納克喜歡那棟有陶器的房子，還有一個迷你馬戲團，裡頭的人偶和馬匹一起表演特技。如果可以把自己縮小進入模型村中的場景，他們想去看那個馬戲團，並搭乘在運河上移動的帆船。他們都喜歡那座響著鐘聲的教堂，以及定時停靠車站的火車。這三個孩子（其中兩個是我的鄰居）說，如果可以住在那模型村裡，他們的生活會挺安全，還有很多戶外空間及體育活動。比起同學略為嬌小的雅典娜說，她覺得自己好像統治了那個地方。

那個模型村位在白金漢郡的比肯斯菲爾德，倫敦首要通勤圈內，命名為「貝肯斯科特」，不同於春田市的小小鎮，它還在運作中。事實上，貝肯斯科特當時即將迎來第九十個生日。尼可拉斯在我們開車回家時說：「那裡和日常生活不同。你不會從倫敦花四十五分鐘的交通時間去看你在倫敦就能見到的東西。要讓人花上四十五分鐘車程，那東西得要很特別。」

超過六十年前，伊妮·布萊敦在《魔法村莊》一書裡寫下她自己拜訪貝肯斯科特的經歷。她和其他人一樣愛上了這裡。「你願意跟著我，一起拜訪一座小到所有房屋都遠比你矮的村莊嗎？」她詢問讀者。「我住的地方就離一座類似這樣的小村莊不遠，距離近到我從臥室窗戶就可以看到它。」布萊敦於一九三八年和家人一起搬到比肯斯菲爾德，當時她四十歲，戰爭迫在眉睫。貝肯斯科特沒有戰爭的威脅，在戰後也沒有任何戰爭曾經存在的跡象。布萊敦的故事出版了，書中的照片有叫約翰與瑪麗的小孩矗立在村裡，當布萊敦為眼前所見的景象發出驚歎，她自己也再次變成了一個小孩。她寫道：「這是一座真正的村莊。我們見到老式村屋——屋頂連我的腰都不到。我們看著屋頂上的小小瓦片，還有牆上的小小磚塊——是的，全由手工建造，多麼神奇的地方。」接著，約翰看到穿梭全村的微縮鐵道。「快看，看哪！」他驚呼連連。

今日，造訪貝肯斯科特的人可能相信這裡九十年來並無太大改變。我們變成了作家艾莉·艾里森所說的「受迷惑的寫實主義者」。我們非常緩慢地四處遊走，向孩子指出眼前事物，彷彿他們自己沒有眼睛。後花園的曬衣繩上掛著衣服；綠地上正在進行一場板球比賽；茅草屋頂正在冒煙，不過有消防員在旁邊；一名警察追逐著穿越賽馬場的無賴；另一人則被公牛追趕；掘墓者在墓地裡挖掘；商店名稱非常糟糕：「鄉野奇談書店」、「菌多多肉舖」、「爽脆脆蔬果行」[1]，你得意洋洋地點出那些荒唐店名，但又因為難為情而悄悄溜走。對參觀者而言，什麼似乎都在那一刻發生了，彷彿在這整齊有序自成一格的地方，在九十分鐘的參觀時間內經歷了一整年份的刺激。我們在看的不只是動物園裡的黑猩猩茶會，而是黑猩猩把食物拋到頭上的茶會。[2]

這些人偶用椴木手工刻成，或以樹脂塑形而成。其中有種宜人的業餘感，而且帶有明確觀點。當中蘊含了犀利的諷刺意涵：許多女性胸部極為豐滿；許多男性的樣子令人厭煩。七千英尺長的鐵道上有兩萬兩千根枕木；還有六千公尺長的地下電纜供應火車、房屋燈光、湖上船隻的電

力。裡面有八千棵針葉樹，每隔幾年，當這些樹長得太大，就算經過修剪也不再具有說服力，就由較小的樹替代。全區總面積大約四萬平方英尺。接近二〇一七年底時，自開幕以來已有超過一千五百四十萬人造訪，比希臘或葡萄牙的人口還多；一九三三年，後來成為女王的伊莉莎白公主在七歲時來訪，在那之後幾天，數千位排隊等待的民眾只能被拒絕入場。那裡的鐵道比例是一比三十二，但模型村的比例絕大多數為一比十二至一比十八，而大部分訪客不是沒有注意到，就是不在乎。因為這是一九三〇年代，一切都是那年代該有的樣子。在旅程結束時，訪客都會得到一份招待的冰淇淋，對此心懷謝意。

但模型村已經變了。它已不真是我們在一九三〇年代見到的樣子，而是我們希望一九三〇年代看起來的樣子——在天空布滿蘭開斯特轟炸機之前最後那幾個傳說中的美好夏天。村裡的石造與木造建築並非原始的，有些故意做成古老的樣子，但其實完成於一九七〇年代和一九八〇年代。數十年來，貝肯斯科特都試圖跟上現代生活的步調；有些粗野主

1 原文以店主名命名的店名皆有逗趣諧音：Ann Ecdote音近anecdote（奇聞軼事），Sam and Ella音近Salmonella（沙門氏菌），Chris P Lettis音近crispy lettuce（清脆生菜）。

2 倫敦動物園過去在夏日舉辦黑猩猩茶會作為娛樂活動，持續了數十年。

義建築散落在偽都鐸王朝半獨立式房屋之間，柴油火車取代了蒸汽火車，而機場上則出現了現代噴射機（包括協和號客機）。剛上市又最時髦的新產品廣告出現在英國牛頭牌芥末的舊廣告旁。但接著，隨著生活步調加速，加上貝肯斯科特歷史年代看來愈來愈令人混淆，村裡的長者決定這些模型應追根溯源。所以當代世界被驅逐出境，或至少經過重新繪製。一九三〇年代就這麼被重製出來：現代的鎮公所變成了高級私宅，反映現代主義的高壓電塔與水泥板則消失不見了。

但就連那時候，這裡的出處與來歷都是難題。沒有人能肯定說出這個村子如何形成，或者創始者的意圖為何。最能讓人滿意的一個故事是這座模型村始於一個住家內的迷你鐵道，因為鐵道發展得太大，那家的太太拿出擀麵棍：留下鐵道，就留不住她。那位丈夫羅蘭．羅伯．卡林漢是名成功的會計師，他找到第三種方法，在一九二七年往外頭殖民了花園。整個村莊圍繞著鐵道發展起來，但他很快就陷入癡迷：建造完標準鐵道之後，突然出現了一座城堡、一座教堂、迷你草坪，接著是商店和進駐的居民。卡林漢自己完成了一些工程，他的園丁和當地模型製作者也幫了很大的忙。但那只是私下消遣，直到卡林漢的朋友來打網球或游泳，提議週末應偶爾開放大眾參觀，這裡才成了景點。於是貝肯斯科特在一九三一年開幕，這個地方上的古怪新玩意吸引了全國媒體報導，繼而吸引了皇室。早期造訪的人描述，民眾偶爾會目擊村莊主人在水池裡游泳。「貝肯斯科特」這個名稱是比肯斯菲爾德與阿斯科特的綜合體，後者為這位火車主人的家鄉。很快地，整個地方都成了綜合體：火車站「馬里盧」源於馬里波恩和滑鐵盧；建築物從古雅的郊區與富麗堂皇的都市風格汲取靈感，包括建築師喬治・吉伯特・史考特、愛德溫・勒琴斯、貝特洛・萊伯金。許多半木造的構造反映出主人的抱負，一種對於連在一九三〇年代都算精緻之物的懷念之情，也就是建築歷史學家奧斯伯・蘭開斯特所謂的「溫布頓過渡期」(Wimbledon Transitional)。有一天，布萊敦自己的偽都鐸王朝房屋的微縮版出現在草坪上。

一如往常，在微縮地景中，看得愈仔細的人收穫愈豐富，以這裡來說則是愈能看出黑暗面。多數人來到貝肯斯科特是為了掌控感和修剪過的灌木叢，為了一個永遠凍結在某一刻的地方。但這些雕刻粗糙的人偶也意味著不安。人類的基本情緒並不隨時代而改變，也不隨尺寸而改變，因此就連在微縮世界中，都可能察覺到有人在酒吧八卦的惡意、簾後的動靜，然後我們或會猜測當中數百個人偶（總共有大約三千個）視線中的空洞，是不是來自對枯燥生活的疲乏；如果可以，它們會不會要求我們放它們自由？《室內世界》雜誌於二〇〇七年造訪時，拍到一排上空的男性在躺椅上曬日光浴，其中一人倒下，臉朝下倒向岩石。那份雜誌以不常見的焦慮下結論說，貝肯斯科特有股「獨特的怪異」。從某個角度來看，一九三〇年代或許確實像個患有幽閉恐懼又充滿假象的年代。那位貝肯斯科特的屠夫把章蓋在什麼肉上？誰被埋了起來？還有，我們可能阻撓新娘嫁給一個有著紅唇、目光冷冽的男人嗎？如同奧登的詩句：「誰能活得長久／在狂喜之夢裡」？

貝肯斯科特再次重演伊妮．布萊敦事件只是遲早的問題。這件事在一九九二年來臨，當時作家威爾．塞爾夫發表了標題為〈Scale〉的短篇小說，他從兒時讀了卡洛爾和強納森．史威夫特[3]的作品後，就迷上了微縮世界。這部小說涵蓋許多面向，作者盡其能事地賣弄知識。全文拿scale一詞大做文章：水壺裡的scale（水垢）、蜥蜴身上的scale（鱗片），除了音符[4]，其他能談的都談了。故事中的敘事者是個嗎啡成癮者與反烏托邦高速公路專家，剛離婚，原因是與打工換宿女子間發生的情事，就發生在一組浴室……體重計（scales）上。

總之，那位敘事者搬離全家住的大房子，最後住在靠近貝肯斯科特的平房。事實上，那裡和模型村的距離近到當市政會要計算房產稅時，他可以聲稱自己的住處其實屬於景點的一部份，因此每年只須繳納十一點五九英鎊的稅金。模型村也入侵到他的夢中。在一串夢境中，他想像自己在村裡，從一間迷你藝廊的窗戶往內看。那間藝廊正在展出敘事者自己雕刻的根付[5]——雕塑家安東尼．卡羅現存作品的微縮版。他從村裡看見自己的平房，發現自己縮小了，很開心能夠融入村中。但接著他縮得更小，能夠在那間平房中的平房內走動，如此下去他一路縮小了六階，在其中一刻，他位在沐浴著日光的門廊，「那裡的雙層玻璃尺寸得用埃（angstrom）為單位估算」。他只能用幾縷地毯襯墊編成的繩索逃離像齊柏林飛船一樣大的黃蜂，還有其實是貝肯斯科特維修工人的恐怖巨人。（塞爾夫的奇幻故事讓我想到赫曼．赫塞在二戰期間發表在抵抗運動期刊《封丹》的短篇小說。赫塞想像一位囚犯在牢房的牆上畫出一列火車進入隧道的圖像。獄卒來找他時，他把自己縮小，爬上那列火車企圖逃跑。他英勇地辦到了，就在此時，隧道開始冒煙，「然後這股煙被吹走了，畫隨之飄散，而我也隨畫飄散。」）

我們就像塞爾夫一樣，受到貝肯斯科特看似完整統一的幻象吸引。我們沒有幫忙小小的木偶逃跑，反而有時候只想加入那個世界。例如，看看那板球場：那大概是個星期日，從服裝判斷，外面出著大太陽。滿懷希望的外野手衝向一顆半空中的球。他向上看，帶著盼望又焦慮，意識到下一刻他不是成為英雄，就是蠢蛋；永遠危懸於兩者間，在這一刻，他就像我們。或許只有真正的藝術才經得起這種程度的仔細檢視，持續近一世紀。此時，

3《格列佛遊記》的作者。

4 scale 一字也有音階的意思。

5 一種日本微雕藝術。

貝肯斯科特看起來就像英國全面脫歐：詩情畫意的想像、在現狀中幻滅、不為外界所理解。而一切並非全如表面看起來的樣子。也許再過十年或三十年，它看起來又將再度幸福美滿。

當然，世界上還有其他許多模型村。一九六〇年代早期，在英國的假日，你很難不踏上前往某個迷你高爾夫球場的路途。但後來出現了太陽海岸，加上開放社會來臨，天真無邪的微縮世界步上了束帶與計時泡茶機消失的後塵。模型村之夢偶爾又流行起來，但那份熱愛已經消逝。例如，曾造訪多塞特的塔克托尼亞（一九七六至八六）的人可能記得裡面大規模重現了哈德良長城、溫莎城堡和幾個倫敦著名地標（尺寸達成人兩倍大的大笨鐘，英國電信塔比大笨鐘再大上兩倍）。但那個地方沒有任何可取之處，看來就像個贗品——人們猜想，部分原因可能來自那裡沒有經過滿身大汗的志工花費數十年，帶著耐心或惱怒打造出來，反而正好相反：它是個純粹的商業計畫，在十八個月間匆促完成，為了搭配遊樂園設施。塔克托尼亞由亞瑟·阿斯基開設，維持了十年。雨中的塔克托尼亞一定非常可怕。除了白金漢宮，所有悲慘建物後來全毀掉、粉碎或在穀倉火災中被燒掉了。

在那些模型村中，有一座依然屹立不搖並持續受到維護，即格洛斯特郡的「水上伯頓」

（這是該小鎮以一比九的比例縮小後的精準複製品，「讓我們的美國表親可以用快九倍的速度看看水上伯頓」）。同一個郡裡還有「斯諾希爾莊園」（仿造自倫敦漢普斯特德非常早期的一座模型村，但現在已重建在高地史杜附近，那裡更像是個康瓦爾捕魚灣）；托奇的「巴巴科姆」（有距離非常近的巨石陣與碎片塔）；還有懷特島的「戈茲希爾模型村」，在這個模型村裡的模型村中有個模型村，後者縮小為千分之一。

英國人對微縮村莊的癡迷遠高於其他國家（或許，尤其因為在脫歐之前，不列顛群島就已是這世界中自傲又孤立的村莊了）。但世界上其他地方也以自己的模型村為傲。在美國，沒有什麼比得過一九二五年春田市的小小鎮，但你不能不喜愛科羅拉多州的小小鎮，它於一九二〇年誕生，在經歷了一些可怕災難後，至今依然運作中，持續了將近一世紀。你可以在其網站上找到所有的災難紀錄：

一九二九年——小小鎮在水災中受損
一九三三年——小小鎮在另一場水災中受損
一九三五年——一場災難性的大火毀了小小鎮裡的印第安村落及所有重要建築
一九六九年——災難性的洪水毀了小小鎮

一九七七年──萊爾・佛克森在前往小小鎮的路上遭脫軌火車撞死

一九七八年──小小鎮關閉，破敗失修

但小小鎮撐過悲慘的命運，已起死回生，小小鎮萬歲。

而且我們絕不該忽略賓州沙特爾斯維爾「路邊美國」室內環境裡的樂趣，那裡有占地六千平方英尺的模型鐵道、一座煤礦場、狂野西部對決（不難預料）、按鍵機械（同上）和做作的全景投影（同上）。「路邊美國」在一九三五年開幕，自一九六〇年代以來就沒變過，但「路邊美國」最精采的特色在於它的誕生故事。創辦者吉林格表示他小時候相信遠方永不沉沒山（Neversink Mountain，真實存在的地方）上的高地飯店只是個玩具，隨時都能從山上拔下來，直到靠得更近才發現那是正常運作且拔不下來的旅館。因此他後來創造出自己的微縮夢，而那至今未曾令他失望。（此時，有些讀者可能會想起在電視劇《神父泰德》的其中一集，泰德透過玩具牛和鄉村景色裡的真實牛隻，向道格爾解釋微小與遠方之間的顯著差異。）

不讓美國神話專美於前，深圳一個主要的微縮世界將其出色之處融入名稱：「錦繡中華」。這裡展示了兵馬俑和三峽大壩，文宣中號稱能在一天中看盡中國的精采之處（無論在世界何處，這顯然是許多模型村的共通點：能夠看到所有景點，但不必真的看見任何一個景點）。錦繡中華包含二十五個複製村莊及五萬個迷你陶偶。這裡非常成功，引發了世界各地的加盟。他們在一九九三年於佛羅里達州創建錦繡中華，據說花費了一億美元，吸引了好奇的群眾，他們渴望見到半英里長的萬里長城及由來自中華人民共和國的真人尺寸雜技演員演出的特別節目。但那裡接著就變得特別不錦繡：許多雜技演員逃跑，有新聞報導村裡的蒙古區和西藏區有共產主義的宣傳進行其中。這個景點於二〇〇三年關閉，接著被洗劫一空並爆發鼠患，此地後來被劃為瑪格麗塔維爾度假村，命名來自吉米．巴菲特那首迷幻恍惚的歌曲。

回到歐洲，當整個世界縮小在一道圍牆中，在深及腳踝的樹脂和聚氨酯裡頭花上兩星期也很合理。我們可以從海牙的「馬德羅丹」開始，這個值得嘉獎的慈善機構創立於一九五二年，其靈感來自貝肯斯科特，以一比二十五的比例展示了關於荷蘭建築與歷史你想知道的一切（這是開放自由漫步的微縮公園之常態：模型人偶與你的腳跟等高，平房高度到你的腳踝，十二公尺高的艾菲爾鐵塔則聳立在頭頂上）。再來，我們可以一躍來到巴塞隆納附近的「迷你加泰隆尼亞」（Catalunya en Miniatura），是這一系列作品中相對晚近的新成員（一九八三年），這個部落聚集了高第絢爛奪目如甜點般的建築物及超過一百三十個較平坦的加泰隆尼亞建物，包括巴塞隆納足球俱樂部的主場坎普諾球場，以及達利博物館托雷・加勒蒂亞的微縮品。從那裡當然也只需要跳一下，就能抵達奧地利克恩頓邦的「迷你世界」(Minimundus)，那是另一個包含了白宮和泰姬瑪哈陵的不協調全球集合體，然後，只要再跳一下就到了埃朗庫爾的「法國小人國」(France Miniature)，艾菲爾鐵塔在那裡終於感覺回到了家。

其中，最可愛的無疑是盧加諾湖岸的「瑞士小人國」(Swissminiatur)。一九七〇年代匯率對義大利人有利時，他們最愛的瑞士觀光景點就是瑞士小人國。他們帶著里拉跳過邊界，可以買到最便宜的菸酒，因為打算在那裡花上一整天，所以接著花好幾個小時歡樂地搖搖晃晃走向威廉・泰爾紀念碑和雕刻精細的阿爾卑斯山製酪場。如今瑞士小人國就連在盧加諾湖地區都難以成為最受歡迎的觀光景點，不過裡面的模型別緻又富教育性，而且就鄭重其事的程度和數量而言十分獨特。除了這裡，你還預期能在什麼地方找到日內瓦的紅十字會國際總部、聖莫里茲的奧林匹克有舵雪橇比賽、史坦斯的溫克里德紀念碑呢？瑞士小人國全區如畫般的風景中，唯一的不協調之處是一個鐵達尼號的石膏模型（除非你把突出於維倫洛斯A1高速公路之上的莫凡彼冰淇淋服務站模型也算在內）。瑞士小人國放大了一件世界各地模型村都與之呼應的事實：把在其他情況下絕對不會被放在一起的縮小物體聚集起來（或許除了歐洲歌唱大賽之外），就是這麼滑稽。

但如果你可以去一趟比利時的「迷你歐洲」（Mini-Europe）就幾乎可以看到所有東西，為何還要大費周章地造訪這些地方呢？不該去迷你歐洲的理由之一，是迷你歐洲真是太糟糕了，就算你完全無事可做也千萬別去。假如有個委員會負責設計市裡的娛樂活動，結果委員會中明智又有創意的成員全都一直請病假（或許只因太過關注他們手錶上的製作細節），就會創造出迷你歐洲。有個打扮成巨大橘龜的人在迷你歐洲的門口迎接訪客並送上不受歡迎的擁抱，在那之後一切只剩悲慘。走過一連三百棟歐盟各國毫無靈魂的建築物，包括一些隨機出現、令人愉快的樹脂製品，例如蒂珀雷里的卡瑟爾岩、史特拉福的安．海瑟威小屋及一座北海鑽油平台。當然，大笨鐘和艾菲爾鐵塔也在那裡，但功能只是突顯出那裡的其他選擇有多奇怪（倒不是說盧森堡市四車道的阿道夫橋或里斯本一九九八年開幕、有著航空母艦造型的海洋水族館本身不特別，意思比較是說它們未必比得上羅馬競技場與雅典衛城等景點）。結果，其實有些建築物會出現在那裡，是因為當地市議員或旅客服務中心的資助，這是嶄新的城市置入性行銷。

迷你歐洲是狹小視野的典範，像是一種無意義的集郵。即便它在布魯塞爾開幕時處於一九八九年一定程度的樂觀氣氛中，都沒人說得出它的目的是什麼。迷你歐洲的開幕手冊中印著「支持或反對歐盟？」這和詢問「要不要加入這世界？」差不多。如果你根據迷你歐洲來判斷，我預測你將發現自己百分之百反對。迷你歐洲受到過多贊助又修整過度，而且幾乎缺乏人性，讓你渴望隨便一個地方的特色。每年有大約三十萬人到此一遊。

要談所有模型中最耗時費力又煞費苦心仿真的作品，我們一定要再次回到大不列顛，尤其是牛津郡裡名為「彭頓」的模型村。這裡的作品如此費工與逼真，自一九三一年誕生以來，經過數十年，依然離完工還有很長一段距離。確實，對彭頓的模型製作者而言，在他們的創作上「進行最後修飾」這個想法可能讓他們驚恐不已。在彭頓，最驚悚的莫過追趕進度，一支盡心盡力的隊伍用連蝸牛都覺得算小心翼翼的速度朝完美緩慢前進。一本一九六八年的宣傳小冊提及當所有彭頓模型製作者終於可以回家的那天來到，語帶不祥——上面說，屆時模型不是完工，而不過是「受到執行」，彷彿一份長期本票。

彭頓位在隆威頓漢（靠近阿賓頓）一棟兩層樓的水泥房裡，但有些部分也在挑剔國和書呆子國裡，正如其創辦者所嚮往，他叫羅伊．英格蘭。英格蘭是澳洲人，一九二五年，他還年輕時來到這區和親戚同住，結果太愛這裡，於是再也沒有離開。他憂慮白馬谷附近即將出現變化，尤其是附近一幢茅草屋遭到破壞，屋頂被換成了粉紅石棉。他決心以微縮品保存身邊的美，而他這人做事可不馬虎。那本一九六八年的宣傳小冊描述模型工程進度「緩慢」；一九九〇年的新版手冊依然描述工程進度「緩慢」，並提到不明的「長期延遲與失望」。更晚的手冊上有英格蘭在他的「模型桌」（與普通桌子非常相似）前面，身後有一堆足以裝滿半個大垃圾桶的廢物、許多捲起來的平面圖、帳簿、檔案，還有一張違和的印刷畫，上面有個戴著女帽、著蕾絲裝的女人。反之，羅伊·英格蘭穿著閃亮的飛行夾克，手裡舉著未完成的紙板屋，面露微笑。

慢慢地，一個有著鄉村小屋和其他建築的地景浮現出來。彭頓（原名「小

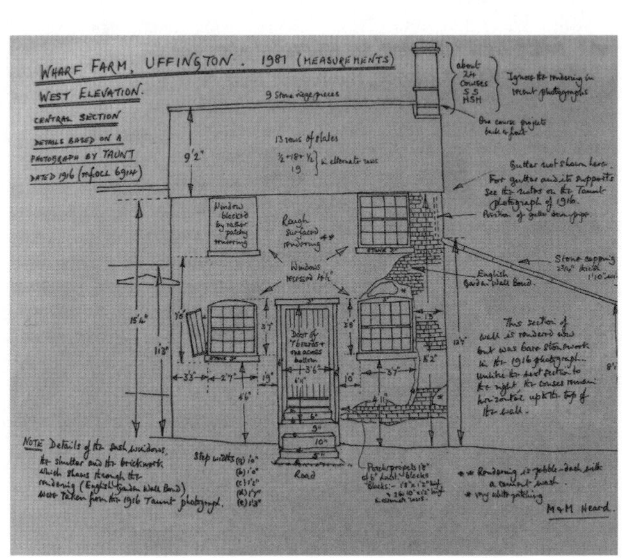

「進度緩慢」：彭頓一座農場的建築等比縮小圖。

彭頓」或「小村廳」）從一間青年旅館的幾張桌子開始，但接著就擴張到一棟前身為英國皇家空軍、屋頂漏水的小屋，最後終於安頓在目前乾爽的家。早期的一個亮點是十六層的布魯內爾木造高架橋，雖然其他的東西也都是亮點，但那座橋最為精巧，每個細節都極費心思。一九七一年，英格蘭在BBC牛津廣播電台一場有趣的訪談中，形容他在拜訪當地農夫和商店老闆讓他複製他們的房子時，攀爬梯子和繩索以精準測量尺寸（模型比例為四公釐比一英尺）。他也拍了大量照片，他記得有一次拜訪一棟雜草叢生的小屋，一位女士到前門接待，當他詢問能否拍些她家的照片，她只簡單指示英格蘭：「你去問他！」同時越過花園，指向在棚子裡抽煙斗的男人。於是英格蘭跑去棚子問那個男人，那個男人同樣簡短地說：「你去問她！」後來，這位模型製作者告訴村民這件事，其中一人說：「老天，別去那裡，他會殺了你，他會捅你！」

英格蘭用聽起來只比影星約翰．吉爾古德輕一些的澳洲口音，向主持人解釋他怎麼用白色紙板製作某間小屋的牆壁。他在牆上黏了許多迷你紙磚——每塊都比本書的破折號還小。「一位建築師看到模型上的那面牆，說他以為那是十三世紀的。」英格蘭開心地回憶。他說到一間小屋門上「精細得可怕」的紫色鐵線蓮，上面的兩百零一片葉子由防油紙剪成，整棵植物只有一英寸高。我們現在顯然進入了不穩定精神狀態的領域。「大門旁的牆上有一隻貓，」他用一種急促的方式繼續說道，這種態度暗示你別潑他冷水，「用輕木製成，擁有棉製尾巴，牠名字叫『玩樂』。是我曾測量過的一隻真貓。」英格蘭解釋，在製作過程中，有一半的辛苦在於想出新穎的材料，使其在脫離整體環境進行微縮化時能巧妙地融入模型。他說，他持續尋求最新技術來製作看來古老的東西。他用人髮做茅草屋頂，尤其是中國人的頭髮，一般認為比英國人的更直也更便宜（在鋪成屋頂之前，這些人髮被送到里茲大學進行防蟲處理）。

英格蘭於一九九五年過世，當時已有個忠誠的團隊負責打造彭頓的工程（英格蘭期望每個人都盡忠職守）。彭頓也登記成為博物館，設有一間茶室，還有相當有用的導覽提供模型最新情報（「進度緩慢」）。有些場景已完成，包括位在達特穆爾的一個火車站，但這一切的開端、描繪鄉村勞動生活的最重要的「山谷之景」則還在精雕細琢中。當然，嘲弄這股執念很容易，但這項工程是雄偉的創造、寶貴的歷史紀錄，也是將微縮品當作教育工具的良好範例，說著：這就是過去的樣子。事實上，可能更好：這是我們用盡全力，精準展現出過去的樣子。一處修剪過的樹籬是以治療靜脈曲張性潰瘍的手術用橡膠海棉製成。

模型的黃金年代還未過去，但愉悅美好事物的黃金年代大概已經過去了。如果彭頓的模型製作者要在今日重新開始，他們可能會和吉米．高迪之類的人合作，他打造了鄉村生活精美但暴力的版本，並稱之為「悲劇過後失序原理」（The Aftermath Dislocation Principle）。這是個極為精細的場景，有大約五千名警員、閃著燈的救護車塞在路上、還有大批攝影記者聚集。模型比例為一比八十七，呈現一平方英里遭毀壞的荒涼灌木叢林地與水泥大廈。我們不太清楚自己到底在看什麼，只知道眼前的場景發生在重創之後。但到底發生了什麼事？我們是不是剛剛錯過了一場可怕的意外或暴動呢？或者這只是警察國家裡普通的一天？它作為藝術品之外的目的也十分模糊（地點倒很明確：貝德福郡，就在英格蘭的歷史中心）。這裡曾是班克斯位在濱海韋斯頓的反主題樂園——「迪士馬」樂園當中的重點模型村，接著被分成三個貨櫃，最大的有四十英尺長，巡迴英國曾發生暴亂的數個地點（遊客從貨櫃窗口偷瞄）。這些模型暗示著一個國家的失敗。模型邊緣沒有以樹籬、柵欄或棚架圍起來；邊界近乎崩解，彷彿居民即將落下懸崖，或者已經如此。

高迪是激進樂團KLF和情境主義藝術團體K基金會的成員（該基金會最有名的事蹟為在一座蘇格蘭島嶼上燒了一百萬英鎊現金，以及在全英音樂獎上拿機關槍瞄準觀眾），所以從他手中出來的模型村一向不太可能是輕鬆愜意的。他說他歡迎觀眾把自己的故事帶到現場，他意識到任何預先完成的解釋都可能限縮仔細觀察的必要性。他自己的一個仔細觀察是：他注意到我們的都市地景被螢光夾克占據的程度有多高：建築工人在拆卸東西，保全人員充滿氣勢地聚成一夥，警察則引起一種緊急感。這不是女性能感到放鬆的地方，也不是任何人能感到輕鬆的地方，但很難得有個警察國家可以在視覺上如此引人入勝。你說，看哪——卡車衝進了麥當勞，一頭牛晃進建物裡，一個警察正用耙子攻擊另一個警察。每一次驚恐都激起暗黑的樂趣。就像李維史陀所說，我們並非在一瞬間就理解整個客體，而是沉溺在逐漸揭露的真相中。

一個無頭警察成功從高迪的工作坊來到了英國模型村專家提姆．鄧恩的桌上（模型村的領域不大，但十分專門）。鄧恩曾在貝肯斯科特工作多年（自十二歲起即擔任各種職位：火車駕駛員、模型建造者、貝肯斯科特七十五週年慶的專案經理），當失業村莊要為廢棄模型找個新家時，他的豐富經驗使他理所當然成了模型的停泊港。二〇〇四年，一個在樂高樂園工作的朋友打給他：她說薩里索普公園裡的模型世界要被拍賣了。這是個獲得專屬艾菲爾鐵塔或納爾遜紀念柱或紀念史達林格勒之戰、戲劇性的〈祖國召喚〉雕像的機會，以上這些都即將讓位給名為「祕密行動」的雲霄飛車。這些模型顯然不適合貝肯斯科特，不過因為預估成交價很低，加上或許可以在自己的前廳放一座迷你艾菲爾鐵塔（儘管高達九英尺），讓鄧恩想採取行動。那座鐵塔是鋼製的。他用五十英鎊贏得了鐵塔，和朋友一起把它放入小貨車帶回家。抵達之後，他們發現鐵塔並不是宣傳中說的九英尺，而是九公尺（鄧恩記得索普公園有個人真對他說：「噢，我真糊塗。」）。他和朋友只能運送頂部三分之二，過去十二年，那座鐵塔一直放在他叔叔位於白金漢郡的後院裡。鄧恩和他的叔叔（大概還有叔叔的鄰居）心想，幸好他沒有同時買回羅馬競技場和古夫金字塔。

當我詢問鄧恩微縮世界背後的動機時，他毫不遲疑地回答：「挫折。模型玩家對過去或未來感到挫折。他們可能在尋求慰藉。或許他們透過建造一個三度空間的烏托邦、一座真正的模範模型村，試著掌控未來。」

我們碰面時，鄧恩在火車訂票公司Trainline工作，正在為一本書「進行最後修飾」，而那本書談到了這件事的核心。書名是《模型村》，裡面談到所有迷你濱水區，從倫敦房屋花園裡最早的模型村（大約一九〇八年）到較晚近位於艾塞克斯的動能博物館。鄧恩特別喜歡最遙遠又古怪的岸邊模型村，例如多塞特有個叫「叮噹福特」（Tinkleford）的地方，那裡不對外開放，因為由粉紅石棉碎片製成。他曾經在裡頭的小義大利縱情享受，這是威爾斯山地中的一件私人作品，其創作者曾去義大利度假，他用人體模特兒和麵包窯碎片作為材料，展現他對嘆息橋和比薩斜塔的敬意。鄧恩也很喜愛有些模型村多花一份心思（或說多花八十七分之一份心思），在村裡又設置一個模型村。理想上那個模型村裡也可以再容納一個模型村，然後像俄羅斯娃娃一樣繼續縮小，一個裝一個，直到出現最後一個園地，壓扁的豌豆般大，或比那還小。

「我想這有點像園藝——馴服與美化事物的欲望。」鄧恩做結道。「而你絕對不能嘲笑別人找到幸福的方式。許多亞斯伯格症和自閉症患者在製作或觀看模型時找到了樂趣和某種程度的安全感，如果你是個內向的人，有什麼比這更適合殺時間呢？但這也可以成為社交程度最高的活動，因為你在展現能力、尋求對話、展示自己並開放自己面對批評或讚美。你可以主張最隱遁孤獨且社交程度最低的嗜好為閱讀，但沒有人會說讀書的人是邊緣人或無法融入社會。」

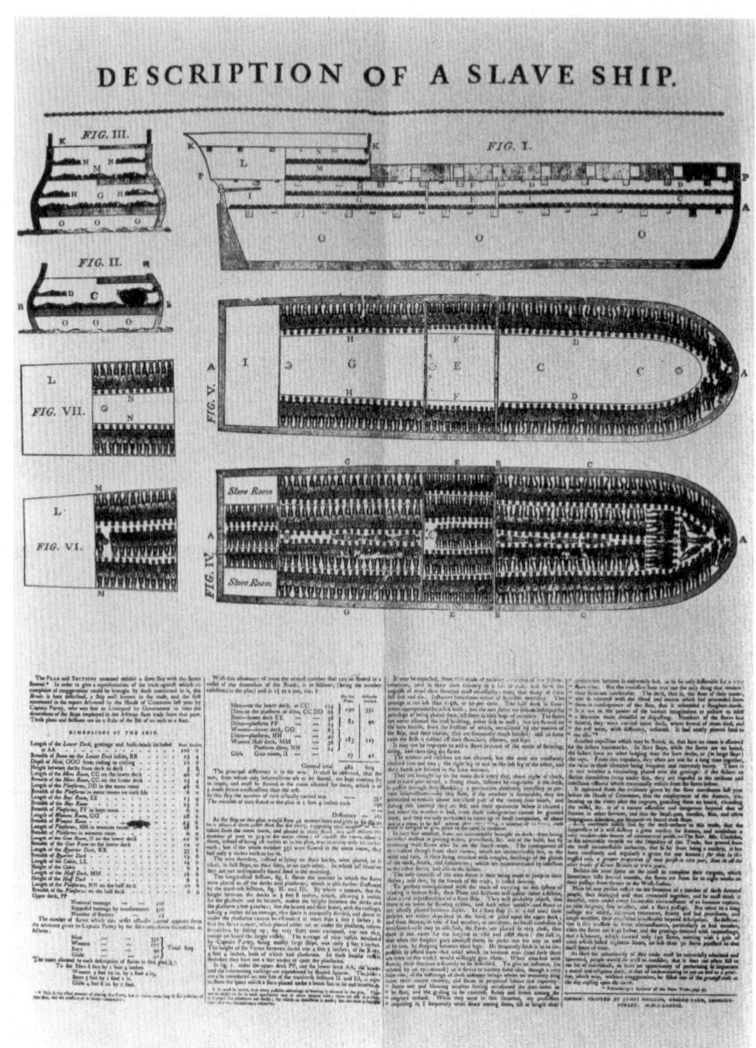
DESCRIPTION OF A SLAVE SHIP.

不安全的通道：一七八九年揭露——奴隸船「布魯克斯」的駭人真相。

同場加映

一七八九年，英格蘭的奴隸船

十八世紀末，任何人只要對奴隸販運造成人類多大的痛苦有任何一點了解，都會決心予以終結。有心改革者對於非裔人士在跨海前往新大陸時，擁擠地困在船中的真相感到十分震驚，這個制度殘忍又時常致命，他們堅信只要這些剝削的事蹟曝光，不但能馬上中止不人道的運輸方式，還可結束整個奴隸販運。追求人類基本格調的行動將打敗可恥的貪婪作為。多麼天真的看法。

這些改革者花費數十年才贏得爭論。就連一七八〇年代，廢奴請願書首次提交到英國國會，都面臨最艱苦漫長的奮鬥。有人認為就政治和經濟層面而言，時機都還沒到。強烈的道德野心被基本的個人利益擊敗了。經過幾個人二十年來努力不懈，這個案子最後終於贏得勝利，他們的方法是極簡單卻具影響力的行銷宣傳，其中最重要的兩個訊息如今聽來依然有道理：展示就好，不要解釋；還有，可能的話，用微縮品展示。

一七八九年五月十二日，二十九歲的約克郡議員威廉·威伯福斯在下議院發表了一場演說，與《大憲章》、《欽定版聖經》、達爾文的《物種起源》及克里克與華生發現ＤＮＡ結構的研究一起被視為英國史上最重要的文本之一。問題在於，這場演講沒有留下完整紀錄，關於他所講的內容，我們只有最片斷的記述。這場演講為時大約三個半小時，大部分為即興演講。這場演講最可信的報告出現在威廉・科貝特的《議會歷史》中，我們可藉此欣賞一個人如何用謙遜的方式發起他第一次的重大運動。

他開始說道：「我無意指控任何人，而是自願背負與整個英國國會共有的恥辱，因為在國會當權之下經受這可怕的販運，我們都有罪。」他感受到的罪與奴隸販運整體有關，但尤其針對運送奴隸的情況：「如此巨大的苦難壓縮在如此狹小的空間中，超越了人類從古至今的想像。」他指的是所謂的「中間通道」（Middle Passage），屬於從非洲西岸以海運輸送奴隸到加勒比和美洲的糖、棉花、菸草種植區之三角貿易路線。他再次強調自己不願加諸指責在別人身上。他相信，或者宣稱他相信，利物浦販奴者的惡劣行徑必須受到寬恕。「因為我真心相信……如果可以在他們面前呈現數百個黑人之任一人在船隻中的不幸情況……他們之中沒有人能忍得下心。」

威伯福斯的出現是廢奴運動的晚近轉折點。這場改革開始的動力來自十八世紀中期的貴格會。早期的廢奴主義者如格蘭維爾・夏普、詹姆斯・拉姆齊、密德頓爵士都可能宣稱自己曾影響剛成為議員不久的威伯福斯；美國支持廢奴主義、富有革命精神的貴格會，可能也會宣告那是他們的功勞。但對威伯福斯和廢奴運動造成最大影響的，是來自劍橋郡的聖公會年輕神職人員湯瑪斯・克拉克森。克拉克森對奴隸制度的興趣始於學術研究（為了參加一場學生論文競賽），但很快就成為他畢生的論戰工作。他描述奴隸船上的情況——痢疾與其他疾病的嚴重程度、死亡被當成一種職業風險——就像出自但丁所寫的九圈地獄。

克拉克森在一場晚宴上碰到了威伯福斯，向他展示精心準備的大禮——一個裝滿非洲相關物品的箱子，包括棉花、染料、胡椒、刀子、樂器，全都是他相信可以在販運三角地帶取代奴隸的東西。那個箱子中還有手銬腳鐐、鞭子，以及其他殘虐的海軍軍官用來控制黑人囚徒與白人船員的施虐物。這種視覺上的輔助非常高明而具有啟發性。但最重要的還沒出現。

儘管威伯福斯能言善辯，論述口吻經過審慎忖度，還有他的案例中看似無庸置疑的人道正義，但他標誌性的演說並未導向廢奴的行動。辯論反而停止了，而且這個議題在最要命的拖延手法下，被轉移到一個委員會討論。威伯福斯後來的日誌中滿不在乎的記錄顯得滑稽：「奴隸一案延至明年。」

威伯福斯健康不佳但決心繼續奮戰。他明白了奴隸制深深確立在國家的經濟體系之上（英國在超過一世紀前從葡萄牙控制了最主要的非洲奴隸販運，但其他帝國，包括法國、西班牙、荷蘭，也靠奴隸勞動經營殖民地），因此，要產生改變，不能只靠用心編寫的文字。威伯福斯從克拉克森那裡得來靈感，體認只有大規模動用輿論，國會改革才有可能，也意識到輿論只能被文字以外的東西說服。這個文字以外的元素降臨在一種可大量生產、栩栩如生的插圖，以及手工製作的木製微縮模型。

一七八八年，銀行家兼業餘藝術家威廉・艾爾福特到利物浦船塢參觀以了解奴隸受剝削的程度，並向英國海軍軍官要來奴隸船布魯克斯號（*Brooks*，後來普遍稱為*Brookes*）的尺寸圖。他發現近期一項限制運載人數的議會法案確實有效：在法案通過前，那艘船可以運載六百零九個奴隸，現在則只允許四百五十四人。艾爾福特運用這些數字，開始畫出他想像中布魯克斯號甲板下的配置。透過這種方式，運載空間相對改善後的情況，反而揭露了中間通道的駭人真相，真是可怕的反諷。

他的插畫從下甲板將船隻水平切開，其中一部分顯示將近三百個人困在一起，彼此之間沒有任何間隙，上方的空間也不夠他們坐起身。第二張圖顯示船艙被分為男人、女人、男孩等區，主要貨艙上方（像教堂中的迴廊那樣）還關了另外一圈奴隸，共一百三十人，木板和上方的梁之間相距兩英尺七英寸。那些俗稱棺材船。艾爾福特仰賴他所受的製圖員訓練完成了這些插畫（他是皇家藝術學院院士），但他巧妙的計畫是個巧妙的虛構作品。這些圖畫就技術而言並不準確（如果有船模型製作者看到他的作品，會注意到艙板太厚了），而且把奴隸畫得一動也不動（如果不說是了無生氣的話）；如同奴隸制歷史學家馬庫斯・伍德所說，那幾乎是奴隸販運者的烏托邦，好像最被動的人體自願受控進入最小的空間。但那也是引人共鳴的設計，用伍德的話來說，是這幅圖像「邀請觀者做情緒填空」。其無比的衝擊性與持久的成功有部分仰賴這個元素——再加上，就像我們已經遇到的許多微縮品一樣，鼓勵觀者仔細地去看之前忽略或未詳加檢視的主題。這對群眾來說是非常大膽的視覺語言，而群眾（在某些地區多達四分之一的成年男性人口）在改革請願書上簽了名。廢止奴隸販運之戰為英國第一場大規模的人權運動；儘管被描繪得很被動，但非洲人第一次晉升為人類同胞，而非可交易的貨物。透過縮小奴隸船，船上靈魂的悲慘境況得到放大。

克拉克森大肆利用布魯克斯號插畫，請人完成（或許甚至自己畫）一幅更完整的版本，更進一步加上擁擠艉艛甲板的橫剖面。他可能也負責在圖上加上說明文字，解釋（彷彿有這個需要）那艘船的精確尺寸及其大小不符運載量。倫敦最主要的廢奴協會對他的幫助也使這張圖廣受宣傳。印刷技術的重大進步，讓人得以用更低的成本印製更精細的插圖：有一千七百張以單張雕刻銅板印刷品的形式出版、七千張印自木刻印版。這張圖在費城進一步改製，變得更適合大規模印刷品。最重要的是，這張插畫也在快速擴張的當地報章網絡中不斷翻印。

威伯福斯一七八九年演說結束後幾週，克拉克森前往法國，與巴黎的廢奴主義者會面，結果只發現那裡的廢奴運動發展不如英國；不難預料，幾乎所有改革能量都被納入法國大革命的動盪之中。他帶了許多布魯克斯號的印刷畫，據了解，路易十六對這場運動的理想抱以同情，但周遭的人認為他太過脆弱，不該面對插畫中的恐怖景象。因此，克拉克森聚集他在廢奴運動中的主要支持者——美國革命功臣之一拉法葉將軍及他的革命夥伴奧諾雷・米拉波。米拉波對布魯克斯號的印刷畫印象十分深刻，因此請人製作那艘船長達一碼的木製模型，加上一堆人偶，代表擠在一起的奴隸。他也準備了一場針對法國國民議會的演說：「注視一船載滿不幸生命的模型，試著不要轉開你的視線看他們擠到互相交疊，看他們擠進了甲板間！他們無法站直——不，甚至無法坐直，他們低著頭……」

在販運遊說團體的施壓之下，他發表演說的那場會議取消了。從演說稿就能明顯看得出來，他的怒火並未熄滅：「注意搖動的船身如何傷害他們、殘害他們、讓他們互撞受傷、讓他們被自己身上的鏈條撕裂，因而呈現出上千幅磨人的景象……可憐的人們！我看見他們，我聽見他們辛苦喘息……」

該模型也幫助我們看見他們。威伯福斯也請人做了一艘木頭奴隸船（製作者至今不詳）。他在一七九〇和一七九一年專責委員會的聽證會中用上了這個模型，並於後續的下議院辯論中，讓前座議員傳看。那個模型的長度大概是米拉波的模型的一半，裡頭的可移動奴隸人偶是從印刷畫上剪下來的紙張一層層黏成的。對觀者而言，引起震驚的效果絲毫不減；甚至確立了一種駭人的意識，這是之前所有談話都不及的。

克拉克森為了議會之戰，冒著危險花好幾個月在英國許多港口收集證據，但終究只找到非常少的商人願意幫忙。偶有船主或船上的清潔人員提供有用資訊，作家、畫家和詩人也積極參與討論（包括喬治．摩蘭和威廉．古柏）。約書亞．威治伍德大量生產一個側身像的珠寶浮雕（以胸針、獎章或牌匾的形式），上面的圖案是跪著的受困奴隸。但沒有一個像模型那樣可以對國會造成直接衝擊。那是

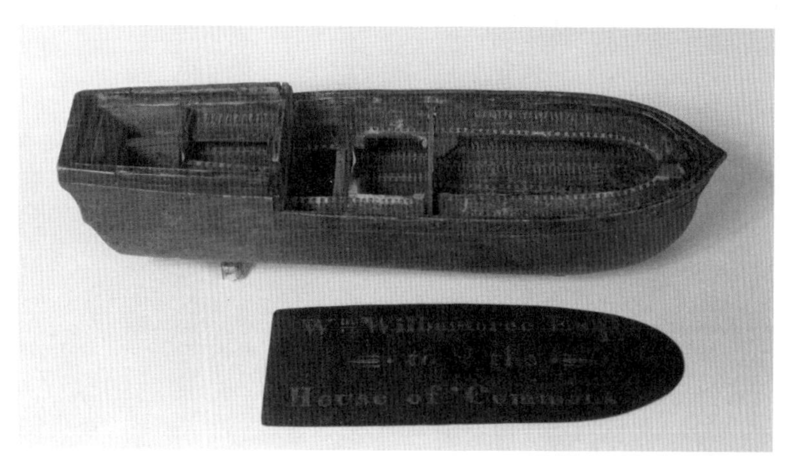

人類苦難最可觸及的一種表徵，而且對於把它握在手中的人而言，事實無可否認：他們把人類的命運握在手中。

辯論延燒愈久，愈多擠滿了人的布魯克斯號（和其他類似的船隻）繼續出航。奴隸販運終於在一八〇七年遭到廢止，或至少英國停止了。威伯福斯成了受人愛戴的英雄及歷史課的最愛，克拉克森及其他「聖人」也終於受到表揚。拿破崙戰爭後期費了很大的力氣說服法國及其他歐洲強權追隨英國的腳步進行廢奴。布魯克斯號的圖畫仍然是有力工具；教宗庇護七世於一八一五年看過這張圖之後，才決心發聲反對葡萄牙和西班牙的奴隸販運。葡萄牙的奴隸販運在幾個月內結束；法國於一八一八年全面停止，西班牙則再晚兩年。

無論一項法案花費多大的力氣才通過，都無法將記憶完全抹去。儘管一幅縮小的插畫和一個木製模型十分重要，我們也無法冀望它們消除數世紀的殘酷暴行。但這些微縮手工藝品卻強而有力地提醒我們這項運動的效果與帶來的進步。威伯福斯在議會裡讓議員傳看的模型現在安置在這位改革者的出生地赫爾，放在威伯福斯故居一個箱子下。年紀較長的讀者或許記得，一九六九年，這艘船曾在突破性電視影集《文明的軌跡》最後一集中短暫亮相；其他人則可能在看到今日在地中海尋找安全港灣的移民船時，發現當代事件與過去的呼應，令人難受。

所有愛情都是虛榮的：
威爾斯親王經過美化的肖像，由理查・考斯威所繪。

CHAPTER 3 一段婚姻的肖像

一七九六年一月，威爾斯親王決定他在過世時只帶走一樣東西。他在遺囑中寫明，他要求下葬時要穿戴他在死去那一刻的衣物，那剛好就是睡袍和脖子上的黃金鏈墜盒，裡面裝著他的唯一真愛瑪麗亞・費茲賀伯（「我的妻子！我的心與靈魂之妻！」）的肖像。這枚鏈墜裝飾繁複華麗；橢圓形，三十七公釐高，圍繞著十八顆玫瑰切割鑽石，還有另外六顆鑲在吊環上。鏈墜裡是一幅理查・考斯威畫在象牙上的肖像，而考斯威在貴族眼中是舉世最優秀的袖珍畫家。

威爾斯親王立下遺囑的二十四年後實現了願望——他在過世時已以喬治四世的身分統治了十年。他於一八三〇年在溫莎下葬，費茲賀伯的肖像「放在我的心臟上方」。一位他的遺囑執行人看到他戴著肖像躺在臨終的病榻上；這位公爵是少數幾位知道整個故事的人之一。

據說喬治於一七八〇年第一次看到馬車上的瑪麗亞・費茲賀伯就一見鍾情，但在四年後觀賞歌劇時有機會認識她，才展開追求。這位親王以身為揮霍的紈褲子弟聞名，比他大六歲的瑪麗亞過了許久才回應他的情感。這位親王還以性情反覆無常為人所知，他想了個有騎士精神但瘋狂的計畫追求她：他刺傷自己的胸膛，然後他的使者通知瑪麗亞，如果她不馬上到卡爾頓府見他，他就要（冒生命危險）拆掉繃帶。瑪麗亞去了。據她的表親兼傳記作家威廉·斯托頓說，她在看到蒼白而絕望的親王時被震驚淹沒，當他請德文郡公爵夫人喬治安娜（瑪麗亞身邊的年長女伴）準備一只給她的戒指，她更加震驚。瑪麗亞在脅迫之下試了戒指尺寸，然後同意和他結婚。她隔天就後悔了，逃到低地國[1]，希望整件事情就此平息。

事情並未平息。他們後來的關係如狂風暴雨，而且必須暗中進行。由於至少違反兩項法條——她是天主教徒，而且威爾斯親王的父親喬治三世並未批准與她成親——他們的婚禮遭到禁止。只能在名譽不佳、出身自弗利特監獄的助理牧師約翰·伯特的主持之下進行。八卦聲浪湧入小酒館——這是城裡流傳最廣的祕密。而且這些酒客很刻薄：他們覆誦喬治安娜描述威爾斯親王「有致肥傾向，而且看起來像女扮男裝」，並說瑪麗亞的下巴讓她看起來「意志剛強」，又有一口不整齊的假牙。

威爾斯親王對費茲賀伯的熱情升起又消逝；當代史學家描繪他對她的渴望，既是性欲，也包含了母愛的需求。一七八五年，他還在進行第一波追求時，寫了一封四十二頁的情書給她，保證「以愛助妳的雙翼飛翔」和成為「妳最好的丈夫……永遠屬於妳」；他也威脅，若他的渴望未獲回報，就要自殺。他在兩人婚後外遇，但最後通常帶著懊悔與承諾回到她身邊。到了一七九五年，一切似乎結束了，喬治親王同意與布倫瑞克的卡羅琳公主結婚，但這場正式姻緣——雖然是重婚——只維持了一年。（他的父親提議，若他結婚就清償他的巨額債務，他才同意這場婚姻。他們之間肯定沒有多少熱情：有人聽到威爾斯親王在婚禮那天看到卡羅琳公主，說：「我身體不舒服！拜託，給我一杯白蘭地。」）

除了那幅伴他進入墳墓的肖像，喬治親王在一七八四年到一七九二年至少請考斯威畫了另外四幅費茲賀伯的袖珍畫，每幅付給他大約三十基尼（約等於今日的一千五百英鎊）。其中一幅乳白色肖像只畫了她的右眼。喬治親王也相信費茲賀伯如果收到他的肖像可能會開心，所以考斯威也畫了，並用我們前面看過的同一種閃閃發亮的鏈墜盒送給她：橢圓形、二十四顆玫瑰切割鑽石，這幅象牙肖像不是用玻璃或水晶保護，而是一顆很大的「肖像鑽石」，這整個鏈墜幾乎可以肯定是由皇家珠寶商郎德爾、布里奇與郎德爾製作——和

1 對歐洲西北沿海地區的稱呼，大致涵蓋荷蘭、比利時、盧森堡，有時擴及德國西部與法國北部。

喬治親王過世時戴在脖子上的那枚鏈墜成套。我在二〇一七年七月把這枚鏈墜握在掌心，感覺它像個珍寶。

這枚鏈墜在一場即將舉行的倫敦佳士得「尊尚珍品拍賣」行列中，這場拍賣會將一些非正規的珍貴物件聚集起來，或許這些東西出現在其他專門拍賣會上比較合理，但因為背後故事獨特，被認為可能吸引通常對這些東西（例如肖像鏈墜）不感興趣的買家。拍賣會中的其他物品還包括一對相信是威廉三世在博因河戰役用過的馬鐙，以及法國查理五世為他位在巴黎聖丹尼大教堂的墳墓所製作的兩隻大理石獅。馬鐙的拍賣底價沒有達到他們估計的四至六萬英鎊，但兩隻石獅以超過九百三十萬英鎊售出。但那枚鏈墜會賣多少呢？

「任何人都會馬上受到吸引——愛的終極信物。」喬．蘭斯頓在一次拍賣預展把鏈墜從展示箱取出時這麼說。蘭斯頓是佳士得袖珍肖像部門的負責人，她在附近的倫敦圖書館花六個月研究這枚鏈墜的歷史時迷上了它。她得知了那起讓他們在一起的刺傷事件，以及喬治在臨終時如何堅持實現自己對身後事的安排。她也追蹤了那幅肖像的身世，從瑪麗亞的養女明尼．西摩到目前的賣主——一位遠親。

在那幅肖像上面，喬治親王一頭亂髮，臉頰有斑。他臉部外轉九十度朝向鏈墜釦環，穿著軍裝，防護盔甲覆蓋著他的上胸和頸部，看起來十分陽光。或許外面正有一場激烈戰爭；或許那場戰鬥就在他的腦中。我們不知道那幅肖像是不是寫生，但可能性很高。蘭斯頓表示：「現在沒有人畫袖珍肖像了，但我們經常在手機鎖定畫面放上心愛之人的照片。」這幅肖像依然微微發光，不因暴露在光線下褪色。「市場上從未出現可與之媲美的物件。我們必須公平對待這枚鏈墜，但不能定價過高，讓人打退堂鼓。和這個醜聞綁在一起有助於提高價值。我最近向一位女士談起這個故事，結果她眼眶泛淚。」我手中握著這枚鏈墜，心中浮現了兩個詞：「閃亮」與「無價」。一幅良好的考斯威作品在拍賣會上的估價通常為四千至六千英鎊，這枚鏈墜則是八至十二萬英鎊。

考斯威為皇室畫了大型和小型畫像。他在完成那對伴侶的袖珍肖像之前擔任威爾斯親王的藝術顧問多年，不只畫人物肖像，也畫了卡爾頓府精美的天花板。考斯威為威爾斯親王畫了將近五十幅袖珍畫，喬治的光顧導致社會中所有上層階級都來拜託他作畫。一七八九年，他畫了克拉倫斯公爵，也就是後來的威廉四世；一八〇四年，則畫了路易—菲利浦，即後來的法國國王。他在一八〇八年著手阿瑟·韋爾斯利（後來的威靈頓公爵）的畫像，這幅他身著鮮紅長袍的習作正好完成在半島戰爭開始之前。

考斯威的袖珍肖像超過七公分，比過去的同類作品稍微大一點，但他之所以廣受富裕客戶的歡迎，是因為獨特的構圖。他的傳記作家史蒂芬．洛伊德曾談到考斯威如何刻意放大被畫者的眼睛，並提高頭部相對於其他身體部位的比例。他選擇以朦朧的天藍色為背景也同樣討好。「這種迷人又親密的描繪方式，可以被視為一面鏡子，攝政時期的菁英在其中看到自己的倒影。」洛伊德引述威廉．哈茲列特的話：考斯威的袖珍畫「並不追逐流行——它本身就是時尚」。

日記作者威廉．希金把考斯威的完美主義和他在工作中享受的樂趣描述得最淋漓盡致。考斯威每天最多可畫十二個人的肖像，但當希金的情人夏洛特．巴里在一七八一年出現，他花了整整三個小時：

他帶她進畫室，輕撫她高雅的髮型，然後在她一坐到我身前時就動筆，彷彿他能預見這會是我見過最美的畫作之一，逼真得無與倫比。我費力說服他不要再更動任何一處了……但他不聽，說他必須再調整一下布幔的細節，除此之外，他對自己的作品太滿意了，忍不住想要展示給幾個人看……

考斯威是傳奇譜系的一員。自從一位名叫讓・克魯埃的宮廷畫家在一五二〇年代建立了慣例之後，袖珍畫家就一直為皇室服務（有趣的是，他的客戶通常叫他珍妮特[2]，他的兒子也是）。英國宮廷則有來自根特的荷倫布一家人在大約同一時期確立了袖珍畫家的地位，並成為亨利八世的最愛。盧卡斯・荷倫布至少為亨利八世畫了四次肖像，而且他的作品奠定了超過一世紀的當代風格：繪於牛犢皮紙上的細緻水彩畫，畫面通常包含頭及肩膀（而非只有臉），畫作的形狀比起橢圓形更常出現圓形。他也是小漢斯・霍爾班主要的私人教師，使得這位德國藝術家將他的原尺寸肖像改為較小的版本。霍爾班為克里維斯的安妮畫了討喜的手掌大肖像，讓亨利八世覺得她可能適合在一五四〇年取代珍・西摩；哎呀，結果她本人的外貌不如袖珍肖像上的樣子。

袖珍肖像藝術在英文中原本被稱為limning，在剛出現時是一種手抄本插畫的變種。早期作品被當成勳章配戴，常成為貴族的名片。亨利八世和伊莉莎白一世都曾把自己的肖像送給外國皇室，喬治四世則復興了這項傳統。但最早完成這些作品的人，包括霍爾班和

2 法文原名讓（Jean）和珍妮特（Janet）字首相同。

法蘭德斯手抄本裝飾畫家列維娜・提爾林克，並不認為自己是袖珍畫家，只是偶爾畫小型畫像的傑出畫家（提爾林克是少數著名的女性畫家之一，亨利八世稱她為他的「女畫家」〔paintrix〕）。真正的袖珍肖像到了一五七〇年代，一位尼可拉斯・希利亞德進城時，才成為一種獨特的藝術形式。

希利亞德於一五四七年出生在德文。他的父親是金匠，這點無疑強化了他對裝飾細節的欣賞能力。就我們所知，他最早的袖珍肖像完成於約莫十二歲時，在這些當時還不常見的藝術上顯露出獨特的才華；當時的評論家把袖珍肖像斥為「私人傢飾」。見過希利亞德較成熟作品的人都深受吸引：他不只為伊莉莎白時代穿著最誇張輪狀皺領的女性畫普通肖像，也畫了虔誠青年的半身畫像：最有名的〈火焰背景前的年輕男子〉與〈緊握一隻雲中之手的年輕男子〉。這些是象徵性的圖像，但做工細緻，包括精細的花邊與珠寶。他留下關於他作畫方法的完整描述給我們（他用膠液確保以水為基底的顏料可以附著在牛皮紙上，有時則用液態金），並在一六〇〇年解釋袖珍肖像整體的吸引力。「袖珍肖像，一種出色的藝術，澈底勝過其他繪畫。」他如此宣稱。

歷史學家凱薩琳・庫姆斯說希利亞德也將自己的作品定義為「一種溫柔的繪畫」，他的意思是精煉優美。他表示，這種藝術不會要你全心投入，若一位紳士從事這種嗜好，「可以隨時停止」。此外，他寫道：「這是個祕密：一個人可以投入其中，卻連家人都難以察覺。」Miniature（袖珍畫／微縮品）一詞直到一六二七年才流行起來，當時，畫家兼評論家愛德華．諾格特寫了一篇論文，標題為《袖珍畫，描繪的藝術》；很快地，這個詞就超越繪畫領域，變得與任何小東西相關。

諾格特也解釋，袖珍畫家不只必須擁有高超的繪畫技巧，也要具有特定氣質；他提出忠告，「繪製袖珍畫的人……應保持所作所為極為純淨……至少該穿著絲質服裝，因為灰塵或毛髮不會落在絲質服裝上，不要穿得太拘束，也要小心頭髮上的皮屑。」還有，他建議，別在繪畫時說話，以免唾沫濺到你的作品上，否則講完整段話，整幅作品就要被丟到垃圾堆裡了。

袖珍肖像的魅力何在？袖珍肖像是瑞士手錶出現之前的一種愛好：只有富人負擔得起請一位畫家並擔任模特兒，而且非常有錢的人畫很多幅。貴族用袖珍肖像當作名片，他們交換畫像，就像足球隊長在國際賽前交換三角旗一樣。喬治四世不斷送出他的考斯威畫像：布呂歇爾親王和普拉托夫將軍都把他的肖像別在胸前，當成英勇勳章配戴。女性通常如戴婚戒一般戴著肖像——說明已婚狀態。男性配戴愛的信物時則比較低調，通常繫著緞帶，把它藏在襯衫下。喬治四世就是這樣配戴瑪麗亞．費茲賀伯的肖像，尼爾森與艾瑪．

漢彌爾頓也是如此（一八〇五年，他的致命傷口無法封合之際，有目擊者指出看到她的肖像還在他的心口）。最重要的是，袖珍畫很方便，它的可攜性緩解了對方缺席的事實。沒有人比莎士比亞更了解袖珍畫的方便，他運用袖珍畫來發展劇情，揭露或隱藏真正的身分。「來，為我配戴這個首飾，這是我的畫像。」《第十二夜》裡的奧莉維亞如此請求喬裝後的薇奧拉。在《哈姆雷特》中，王子要求母親比較父親與繼父的兩幅袖珍畫：「看看這幅畫，再看這幅／它們是兩兄弟的肖像。」

正如後來各種微縮品引起的癡迷，袖珍畫也吸引了許多大眾。十七世紀的頂尖袖珍畫家之一——理查．吉布森（Richard Gibson）起初在作品上的簽名為「D.G.」；D可能代表別名迪克（Dick），但也可能是指小矮人（Dwarf）。吉布森為人稱道的，除了他的袖珍畫，還有他本身的身高：一百一十七公分。吉布森畫了查理一世和奧立佛．克倫威爾[3]，但他經由另外兩條途徑成名：他和身高與他一模一樣、名叫安娜的女人結婚，他們的婚禮成了眾人注目與詩歌描繪的焦點，他們五個普通身高的孩子也是如此。第二個事件則像歌劇一樣。國王的藝術保管人亞伯拉罕．范德多於一六四〇年夏天受託保管吉布森的袖珍畫〈失羊的寓言〉。但他不知怎麼搞的，一時找不到那幅畫，為此非常不安，覺得只有一個辦法能夠解決：范德多寧可上吊，也不願面對查理一世的怒氣。在那之後不久，那幅畫忽然找到了。

貴族對袖珍畫的狂熱在十九世紀中逐漸平息；追求逼真的人轉向攝影（沒那麼堅持逼真的人則轉向印象派）。人們推翻了希利亞德的信念，愈來愈覺得袖珍畫缺乏男子氣概，再加上娃娃屋迅速流行起來，且被普遍視為安靜而可接受的女性嗜好。今日，袖珍畫經常出現在老套的布景中；若沒有袖珍畫散布在桌上或牆上，珍・奧斯汀或勃朗特的改編作品就不算完整。小說人物凝視著袖珍畫，就像人們會凝視家族寫真或社交軟體Snapchat。

但出色的袖珍畫仍可能擄獲我們的心。考斯威所繪的查理四世畫像在二〇一七年七月六日的佳士得拍賣上公開亮相，開標即超越了考斯威過去的拍賣紀錄。它的價格比過去高出許多，得標者（一位私人收藏家）最後的費用清單（包含所有費用）是三十四萬一千英鎊。這幅肖像或許再也不會公開展示，畫面後的情愛糾葛就像魔術師的戲法般變不見了。

3 英國十六世紀政治人物。

DON'T BE SKEPTICAL

SEEING IS BELIEVING

DON'T FAIL TO VISIT

Fighting a Duel

PROF. WILLIAM FRICKE'S

Merry-Go-Round

Original - - Imperial

FLEA CIRCUS

THE ONLY SHOW OF ITS KIND IN THE WORLD

Genuine
European Novelty

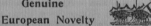

Drawing Carriage

Direct from
Hamburg, Germany

300 PERFORMING FLEAS 300

Alive and Living - - - Not Mechanical

Using Only the Genuine European Human Fleas

in Various Performances

Juggling a Ball

Drawing Carriages, Juggling a Ball, Operating a Merry-Go-Round, Presenting Large Pantomime Ballet in Ladies Costume, Operating a Mill, Fighting a Duel, Operating a Swing, Walking a Tight Rope, Jumping Through a Hoop, and other Realistic Feats.

Dancing Ballet

An Exhibition showing what 41 Years of most tedious work has accomplished

EVERY ACT VISIBLE TO THE NAKED EYE!
EVERY FLEA HAS ITS OWN NAME!
THERE IS NO DANGER OF ANY DESERTION IN OUR FLEA FAMILY!

Walking Tight Rope

Riding a Bicycle

Jumping Through a Hoop

WITH the CARNIVAL

同場加映

一八五一年，才華洋溢的漢堡跳蚤

一八五一年的上半年，倫敦蓋起一棟巨大的穹頂建築，遮蔽了萊斯特廣場的陽光，其宣傳喧騰一時，但眾人也報以懷疑。穹頂內有一個直徑六十英尺的球體，球體內則是之字形的階梯，當你一階一階向上走，同時看著圍牆上的圖片與資訊，就能一邊探索這世界的地形與多變樣貌。當時還沒發現南極洲，不過接近球頂通風系統的地方是北極，通往球頂的路上有不少篇幅描繪了非洲的黑暗與歐洲的文明力量。這顆球體也是一場尺寸與比例的博覽會：我們的世界多麼廣大神奇，我們走在裡頭時多麼渺小。然後，當我們花一整天在裡面，遊遍四個大陸，所有關於尺寸與比例的概念都可以化為烏有。

這顆球體是一個叫詹姆斯．懷爾德的男人想出來的主意，他是商業地圖製作家，也曾是康瓦耳博德明的議會成員。這項工程的成本介於一萬三千至兩萬英鎊，是一筆風險極大的開支，但懷爾德的投資者回收了比成本高上好幾倍的錢：開幕第一年（總共開了十年），超過一百萬人付錢逛過這裡。其中一位訪客是諷刺漫畫雜誌《噴趣》的記者，他體驗過懷爾德的微縮世界以後，思索這在火星人眼中看起來會是什麼樣子。他發現這個世界每週日不開門，而且只有九個長住居民，包括一個鈕釦發亮的小門僮。這個世界沒有革命，不像法國那樣，也「沒有人辱罵，不像美國那樣」。

懷爾德世界開幕後六個月，出現了競爭對手，同樣是來自萊斯特廣場的景點，玩的也是比例。這個東西自稱是「倫敦最棒的新玩意兒」，對此說法唯一合理的回應是「當然了——那可是跳蚤馬戲團。」而且這不是隨便一個跳蚤馬戲團，這個馬戲團有李杜史卓夫先生「來自世界各國的兩百隻跳蚤」。牠們有何能耐？牠們無所不能！牠們可以組成俄國大砲「發射」。八隻跳蚤可以拉一輛馬車，還有馬車伕和守衛（馬車伕和守衛也是跳蚤）。「俄國海克力斯」的背上扛著十二隻跳蚤。然後，還有應該是終場表演的「愛國者科蘇特爬到一隻奧地利跳蚤（Flea）身上」（或者，像海報上寫的——「一個奧地利逃兵〔Flee〕」）。這個跳蚤馬戲團的票價和詹姆斯．懷爾德的球體一樣：一先令。你怎能不衝去看這場秀？

李杜史卓夫先生並未獨占跳蚤圈。他的競爭者，或許也是他的靈感來源，可能是路易．貝托洛托先生，他的馬戲團在倫敦、加拿大、紐約演出，裡頭有打扮成威靈頓與拿破崙的「勤勞」和「有學問」的跳蚤，然後在接下來的表演中扮成唐吉軻德和桑丘．潘薩。（你有充分理由對「先生」[4]一詞不以為然，但他們是表演家：貝托洛托來自倫敦或威爾斯，當時有不只一人跨國經營馬戲團，其他人或許化名為巴托洛托或巴托勒提。）其中一位貝托洛托在回憶錄中提到，雄跳蚤很懶惰，他只用雌跳蚤；當他呈現「一位小小的棕髮女子在沙發上……和時髦的男友調情，而她媽媽的心思都在報紙的政治新聞上」，所有表演者其實都是雌跳蚤這點似乎忽然變得一點也不重要。

還有一九〇〇年代早期的威海姆・弗立克教授，他宣稱自己的馬戲團「在世界上獨一無二」，儘管我們已經知道其實並非如此。但弗立克的秀在劇團規模（他有三百隻跳蚤，相比之下，李杜史卓夫先生的兩百隻真是少得可憐）和表演特長方面十分獨特：他的跳蚤不只會走鋼索、操作磨坊、化身旋轉木馬，還會「穿淑女裝演出大型芭蕾默劇」。根據弗立克的海報，他的表演展示了「持續四十一年最單調無趣之工作的成果」。但觀眾都看得提心吊膽，需要有人安撫：海報上也宣稱「我們的跳蚤家族絕不逃跑！」他們也保證所有跳蚤都是「活生生的……不是機器！」最令人驚豔的是，「每一隻跳蚤都有自己的名字」。（我們只能假設意思是有三百個不同的名字，而非三百隻都叫同一個名字，比如桑妮・吉姆。但只有去看表演才能得到確切答案。）

海報上宣告這個跳蚤馬戲團從德國漢堡直達。換句話說，牠們沒有在阿姆斯特丹或巴黎被攔截下來，也不准牠們在好比說富麗秀或杜樂麗花園休息。但就連跳蚤——或許尤其

4 李杜史卓夫與貝托洛托原文名前面分別都加了男子敬稱Herr和Signor，多用於貴族仕紳。

是跳蚤——都有過勞的風險，牠們如此賣力演出芭蕾默劇或走鋼索，拓展能力到了遠超出預期表現的境界。如果這一切對你來說荒謬或超現實，我會說你還沒完全領會跳蚤表演者的現實或跳蚤市場的原則，恐怕我們得再從頭說起。

跳蚤馬戲團是活生生的真實事物，一下華麗迷人，一下惹人憐憫，而維多利亞時代的人為了創立跳蚤馬戲團和看表演而損害了視力。有些馬戲團有機械磁跳蚤，有些地方的跳蚤則以纏繞的細金屬線或灰塵取代，但多數馬戲團都至少呈現了行銷宣傳中的部分內容。跳蚤確實可以進行決鬥，儘管並非出自牠們自己的意志：訓練師把一段金屬線綁在兩隻跳蚤的腿上，把他們放在一個長罐子裡，像技擊運動一樣；事實上，這些跳蚤只是想擺脫金屬線而已。他們可能把一輛車黏在跳蚤的軀幹上，讓牠看起來像駕著馬車；這些跳蚤稍微掙扎之後，拉著一個比牠們重上好幾倍的物體前進。跳蚤也確實出現跳圈圈和走鋼索的表演，但不是因為受訓這麼做，而是因為牠們一直受到束縛：把牠們從容器中放出來並用道具控制，牠們除了在掙扎後一躍而起，還能怎麼做？

就算是最複雜的跳蚤馬戲團，也能輕鬆裝進行李箱中。跳蚤馬戲團通常排列成像戒指大的圓圈，加上高空鋼索，以及傳統馬戲團都有的條紋花樣，但跳蚤馬戲團其實源於一種比較靜態的嗜好。一般相信第一個跳蚤馬戲團於一五七八年由倫敦珠寶商馬克．史卡力奧特創立，他發展出一種新的方式來展現他的工藝中靈巧精細之處：把一隻跳蚤繫在鎖、鏈墜或戒指上展示，顯示出它有多輕。其他珠寶商也跟風仿效；對他們來說，把一隻跳蚤綁在首飾上，就像在手指上戴戒指一樣簡單。他們用很傳統的方式餵養跳蚤——讓牠們吸自己手臂的血。就像一位跳蚤馬戲團經理所說的：「牠們靠我過活，我也靠牠們過活」。

迷你馬戲團有各式各樣的豐富魅力，但核心在於驚奇。看到這種東西竟然可以成真，誰能不驚歎？他們為了舉

「牠們靠我過活，我也靠牠們過活」：
威廉．黑克勒教授位在西四十二街休伯特博物館的跳蚤。

辦一場荒謬表演而如此奉獻投入，怎能不叫人讚歎？跳蚤馬戲團興盛的年代還沒有諷刺的概念，如果我們的讚賞中參雜了懷疑，或許只因我們希望能夠克服懷疑。跳蚤馬戲團包含了所有我們熟悉的微縮化特徵：想要掌控的欲望、癡迷於看似不可能的事、以審慎耐心換來驚人成果。就像法國哲學家加斯東・巴舍拉所說的：「我能愈聰明地把世界微縮化，就愈能掌控世界。」但有一個差別。跳蚤馬戲團和其他微縮品不同，縮小本身不是目的：小馬戲團依然是馬戲團，依然要賺錢維生。觀眾的喝采是最重要的，而且馬戲團間競爭激烈：如果隔壁帳篷正在上演「婆羅洲野人」和「有三個心臟的女人」，那麼你的跳蚤愈像桑丘・潘薩和拿破崙愈好。

魔術師和魔術史學家瑞奇・傑伊在他每季發行的刊物中指出，跳蚤馬戲團之間的競爭一度非常激烈——除了上述的跳蚤大師，他還發現幾個叫凱提青曼、利康堤、烏比尼、根特爾、恩葛拉卡的人編造了一些表演——這些宣傳人員捏造故事來提高吸引力，以贏過對手。其中一個例子是宣傳人員在推銷利物浦雷諾展覽館的一場秀時，以十英鎊懸賞一隻失蹤跳蚤，並說「牠悲傷的朋友」十分想念牠。牠為什麼逃跑呢？「原因似乎是牠最近在嘗試大膽的『摩托車二迴圈跳躍』時發生了意外，受到驚嚇導致精神受創，加上牠最近罹患了一種疾病，影響了牠活力充沛的本性，產生嚴重憂鬱。」這隻憂鬱的跳蚤和其他跳蚤有什麼差別？「最後一次看到牠時，牠戴著金鏈，而且牠對『桑妮・吉姆』這個名字有所回應。」二十世紀早期，另一個公關噱頭精采到你會希望那是真的，據說威廉・黑克勒在時代廣場表演中的一隻跳蚤以「赫曼大師」[5]之名入住華爾道夫飯店。

跳蚤大師發現，相對於貓蚤或狗蚤，只有人蚤（*Pulex irritans*）的體型夠大又聰明到可以擔當馬戲團的職務。貝托洛托和黑克勒分別發表了他們的跳蚤學研究，他們比較敵對各國的跳蚤。比起西歐沒那麼強壯的跳蚤樣本，東歐跳蚤較受到偏愛。但我們還是在詐欺王國裡：不管一隻跳蚤的護照上寫了什麼，牠都還是一隻跳蚤。黑克勒在準備他的馬戲團時喜歡說：「要是現在有一隻狗路過，我的表演就完了」。

所以跳蚤馬戲團為什麼消失了？今日，仍有少數迷失的靈魂還在拚命進行迷你拉車表演，但他們的主要是為了追求人類學知識而非娛樂事業，天佑穿著織錦背心的他們。但迷你馬戲團已大致步上成人馬戲團、音樂廳、自由式摔跤的後塵。我們或許可以把走下坡的原因怪到現代化頭上：環境衛生的改善減少了優秀表演者的數量。而存活下來的跳蚤數目逐漸超過了觀眾人數。願意花費一先令去看馬車沿著一個板子移動四英寸的人數減少了（還真令人驚訝呢），而那一先令則進了戲院或書店的口袋。

5 十八世紀歐洲知名魔術師亞歷山大・赫曼（Alexander Herrmann，又稱 Herrmann the Great）。

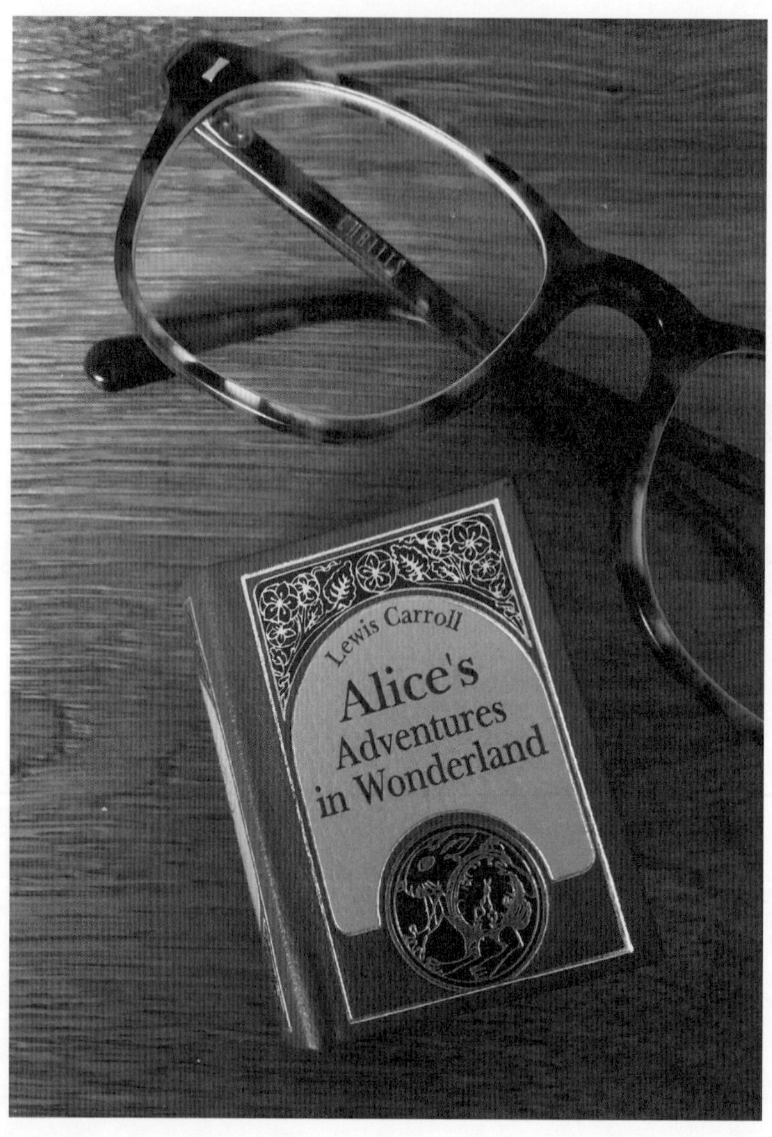
Lewis Carroll
Alice's
Adventures
in Wonderland

CHAPTER 4 袖珍書協會的精采年會

二〇一七年八月中，加州奧克蘭市中心萬豪飯店一間普通大的會客室中，名叫阿諾·葛史溫特納博士的男人帶著一絲自豪，正在販售他號稱是世界上最小的書。那本書的尺寸是零點七公釐見方，書中二十二頁的每一頁都有關於一種花的文字與插圖。如果你把它放在指尖上，它就像一小塊灰塵。

書中的花，以及——我必須說，那些文字——看起來都非常相像，你分不出櫻桃和李子，但那不是真正的問題：如果你想找一本關於花的正經書籍，你會去找皇家園藝學會或羅伯·梅波索普[1]。但如果你想讀這本二〇一三年在東京出版、名為《四季的草花》的書，你必須使用一把小小的放大鏡，就放在首飾風格的藍絲絨鑲邊箱子裡（或者你可以讀該書的較大版本，葛史溫特納博士稱之為「母親」，它也在同一個箱子裡，面積高達——不到

1 美國著名攝影師，主要拍攝主題之一為花卉。

一英寸見方）。這本書只製作了兩百五十本，而且很快就會賣光，所以如果你想要買到《四季的花草》，讓它在你手中遺失，現在就是時機。葛史溫特納博士開價七百五十美元。

《四季的草花》是本驚人的書。它不只是袖珍書，也不只是微縮品，而是超微微縮品。這本書由總部設在東京摩天大樓的日本出版巨頭凸版印刷株式會社出版。凸版從一九〇〇年起就是印刷技術的先鋒，每隔幾十年就創造出過去認為不可能的東西。紐約於一九六五年舉辦世界博覽會時，凸版製作出四公釐見方的《聖經》，並聲稱那是史上最小的《聖經》。幾個月後，又超越自我，出版了詩人杜甫著名的〈飲中八仙歌〉，包括日文與英文版本，大小只有三點七五公釐見方。每個字母的高度只有人髮粗細的五分之一。針對如何打開放置袖珍書的箱子，還有特別指引。

但幾年之後，凸版宣告三點七五公釐太巨大了。這家公司在一九七九年製作了世界上最小的三本新書，大小是兩公釐見方。這些書很精采：《日曆與誕生石》、《花語》、《黃道十二宮及其符號》。然後，隨著數位世界誕生，他們又宣告這些迷你書大得嚇人，接著推出了那本零點七公釐見方的關於花的書。

凸版面臨的問題是一位來自西伯利亞的競爭者弗拉迪米爾．阿尼斯金，在他沒去位在圖們的俄羅斯科學院上班的時候，喜歡在裂成兩半的罌粟籽上製作東西。在轉向文學作品之前，阿尼斯金已在一根馬毛上完成耶穌降生場景，並在一粒米上刻了超過兩千個字母。然後，在二〇一六年，傳來凸版日本辦公室一直都害怕聽到的消息：阿尼斯金做出兩本零點零七乘零點零九公釐大的書。這比凸版會製作的任何東西都小上一百倍，而且這個過程已經重新定義了「書本」一詞。

阿尼斯金的創作顯然已經不是普遍定義中的書本，這些書無法拿在手中或翻頁。你必須在顯微鏡下才能觀看這些書，阿尼斯金表示，透過顯微鏡，可以看到一份字母表（第一本書）和他稱之為「左撇子」（Levsha）的東西（第二本書）。《左撇子》記載了其他微縮品創作者的名字，他們技術高超到可以為跳蚤釘蹄鐵，那是顯微鏡下的終極挑戰。（首次描述這種技藝的是十九世紀晚期的著名寓言——列斯科夫的〈來自圖拉的鬥雞眼左撇子與鋼製跳蚤的故事〉。有個俄國人取得了英國人製作的「發條鋼跳蚤」並在牠的每條腿上釘了馬蹄鐵，藉此證明自己技藝高超；那隻跳蚤從此再也不能跳舞了，我們不清楚馬蹄鐵究竟有什麼價值，不過能讓沙皇尼古拉一世感到驚奇也就夠了。這個故事似乎是在機械的年代呼籲大家向手工技藝致敬，而所有袖珍書收藏者都會對此表示贊同。）

但西伯利亞人到底有什麼毛病？從一九九六年到二〇一二年，在阿尼斯金動工之前，世界公認最小的書為另一位西伯利亞人阿納托利·伊凡諾維奇·柯年科製作的《變色龍》，共三十頁，零點九公釐見方。柯年科是另一位以自己能夠為跳蚤釘蹄鐵為傲的藝術家，不僅於此：他也可以製作一隻在倒放核桃上拉小提琴的蚱蜢，並和他的兒子史坦尼斯拉夫·柯年科一起製作了一個可容於掌中的玻璃魚缸，裡面有迷你斑馬魚。柯年科先生出生於一九五四年，已經因為這些小小創舉贏得三十六個國際獎項，得獎作品包括三點二公釐高的金屬蠓蚋，因為牠的喙上展示了個東西，使牠超越了普通的微型蠓蚋：牠的喙上有一棟超迷你艾菲爾鐵塔。

在袖珍書以西伯利亞為家之前一世紀，它出現在另外一個更令人難以置信的地方——格里姆斯比。一八九一年，世界上最小的書《蟎》在這個英格蘭東北部的漁港出版，高十六分之十三英寸，共三十八頁，每英寸內有十二行。書封為鍍金的紅色皮革，如果你有辦法閱讀，裡面的內容難以預測：印刷術發明的故事、每年用來製作針的鋼鐵數量、以及——因為那顯然象徵著我們進入了事物可放大縮小之現代——剛剛開幕的艾菲爾鐵塔之簡史。

這場為成為最小而最小的競爭始於金屬活字印刷術的發明。以前，小有其理由：抄寫員把經文與詩篇用墨水抄寫在小片子宮皮紙[2]上，神職人員隨時藏在身上。《聖經》和《古蘭經》的節錄內容是常用的生活指引，作為虔誠的象徵，藏在靠近心臟的地方。子宮皮紙出現之前則有泥板文獻：目前已知最早的例子為約西元前二三〇〇年一份拇指大小的買賣合約。

古騰堡出現之後，可攜性的潛能擴張了。當阿杜思·曼尼修斯於一五〇〇年讓義大利體[3]在威尼斯普及（因此可以在更小的紙頁上容納更多文字），排版工人和印刷商都試圖做出比對方更小的成品。沒過多久，書本變得可以收藏，而且每間圖書館都設立了袖珍書部門。大家的喜好多元，一開始由宗教文本打前鋒，但到了十六世紀末，任何迷你文本都受人歡迎。

這樣的傳統一直持續。一九六一年，一位識貨收藏家內容龐雜的目錄顯示出袖珍書的類別變得多麼多樣化，甚至和普通尺寸的書本一樣包山包海。有一大堆附了對照表的年鑑、大量古文、許多耶穌生平、一些關於禮節的書，還有較近期出現了狄更斯、史威夫特、彌爾頓的傑作。除了尺寸之外，這些書還有一個有用的共通點：全部都無版權。（這些收

2 uterine vellum，經現代科學家檢驗，認為並非真的由動物子宮製成，應該是一種特殊的生產工藝，以傳統動物皮製造。

3 italic type，一種手寫體印刷字形，斜體的一種。

藏品屬於一位工程師波西・斯皮爾曼，他是一位世界級的路面專家。）

這些書當中，許多都還可以用合理價格買到。甚至，在所有可收藏的藝術中，袖珍書可能是價值最被低估的其中一種。二〇一七年八月，一場由舊金山PBA藝廊所舉辦的拍賣會上出現了一七七三年於巴黎出版的西塞羅袖珍著作、一八一二年在巴爾的摩出版的《最受好評的抒情英文歌曲》、一九一六年於麻州製作的《魯拜集》、一九三〇年在田納西州出版的《柯立芝自傳節錄本》。成交價介於一百五十至八百五十美元，這場拍賣的另外一處還有更划算的：來自一九三〇年、共四十卷的莎士比亞戲劇全集，每一本剛好超過兩英寸高，再加上專屬的三格迷你書架，只賣一百二十美元。還有當代系列，可能便宜許多，包括達拉斯「諸如此類」出版社（Somesuch Press）的十五本書（該出版社會由晚年的史丹利・馬庫斯經營，他是尼曼・馬庫斯百貨公司的前總裁）。

類似的這樣的目錄可能會讓你產生幾個問題。第一個問題或許是：把書本縮小這件事有任何超越這項挑戰本身的意義嗎？接下來的問題可能是：追根究柢，這些書冊是不是根本就很愚蠢？

為了找出答案，我做了兩件事：我付了五十五美元加入袖珍書協會（Miniature Book

Society，另外有約三百位會員，來自二十五個國家），然後我去參加在加州奧克蘭萬豪飯店舉辦的袖珍書協會二〇一七年夏季年會，我就是在那裡首次遇見了葛史溫特納博士的小小禮物。

葛史溫特納博士是一位棕色鬈髮、戴了藍儂風圓眼鏡的四十三歲高銚男子，他帶著各式迷你書從瑞士跑到奧克蘭，那些書的大小差不多可以全部一起塞進艾曼塔乳酪的洞裡。除了或許是世界上最小的書，他也有世界上最龐大的書系之一：《福爾摩斯探案全集》，由萊比錫的袖珍書出版社（Miniaturbuchverlag）發行，共六十冊，大約其中一半擺在葛史溫特納博士的黑色毛呢桌上，每本都是五十三乘三十八公釐（大約二乘一點五英寸），毋須放大就可讀清每個字，每集只賣二十美元。他也擁有美麗的當代版愛倫坡、王爾德，以及（想當然）全四冊的《格列佛遊記》。他還有許多比較古老的書，包括一本拉丁文書《De Flagrorum Usu in Re Veneria》，大小剛好超過三乘二英寸，葛史溫特納博士描述它是「約翰·海因里希·麥本關於在醫療和性交時使用鞭笞的知名著作極其罕見的袖珍版本」。這本書首次於一六二九年在荷蘭萊登出版，雖然這位博士的版本於一七五七年才在巴黎出版，而且非常令人感到安心地「緊緊綑在斑駁的牛皮書封內」。

從小到大，葛史溫特納博士家裡沒有電視，所以他一向喜歡閱讀。他只當了大約五年醫生；在那之前當過服務生和DJ，做這些工作只為了支應他的嗜好。他告訴我：「我花了十年左右，盡可能學會關於袖珍書的一切——你可以問我任何事情。」我問起那本他藏書中最小的書，關於花的書。他解釋道，凸版並沒有在線上販售《四季的草花》，所以他特地飛到東京去買了幾本。「真是完全瘋了。」他說。

葛史溫特納博士和大部分的袖珍書學者一樣，成了迷你字體的專家。例如，他有一本拉封丹的《寓言》（一八五〇年出版於巴黎），以羅蘭與德貝爾尼鑄造廠所創造的Diamant二點五號字體印刷，大小大約是今日我們可以舒適閱讀的尺寸的四分之一，而且「比皮克林所用的English Diamond字體小多了」。不過三十年前，出版商威廉·皮克林請倫敦印刷商查爾斯·卡羅爾印製一系列Diamond字體的袖珍書，此字體衍生自有名的Caslon字體，當時最小能做到四點五號。三十年後，由金屬鑄造而成的這種字體，還繼續縮小——一八七八年，但丁的《神曲》以相信是二號字體印製，小到擁有自己的綽號：蒼蠅的眼睛。根據一九一一年紐約格洛里亞俱樂部圖書館裡的袖珍書目錄，蒼蠅的眼睛「同時損傷了排版工人和校對員的視力」。當然，一世紀後，顯微鏡文字屈服於數位時代。一九八五年，史丹佛的奈米科技專家在一根針頭上重製了《雙城記》的第一頁，將平常用的十號字體縮小了兩萬五千倍。（這是最好的Times New Roman，也是最壞的Times New Roman。）[4]

• • •

奧克蘭袖珍書協會稱其年會為密會，讓人想到選舉教宗的樞密會議，以及過程中的徹底寂靜。袖珍書協會的這場密會為第三十五年舉辦，過去的密會曾辦在都柏林、渥太華、紐奧良，第一場於一九八三年的炎熱九月天辦在俄亥俄州蒂普城的一座農場，有六十一人出席。這些年會計畫結合藏書迷的專門學識、小型閱讀與快樂的收藏行為；志同道合的靈魂們也可以說服自己，對袖珍書的高度興趣並不是全然無意義或孤獨的消遣。在第一場密會上，眾人大致同意袖珍書可定義的尺寸標準為頂多三英寸高，不過四英寸有時也可接受。五英寸絕對太大，六英寸則幾乎是本平裝書了。

儘管我心懷疑慮，但奧克蘭的密會十分歡樂又充滿慶祝氣氛，可以參觀瀏覽加州讀書俱樂部、舊金山公共圖書館以及幾家手作工坊的袖珍書收藏。不過，參與者不能說非常年輕，大家開始意識到必須更努力鼓勵年輕人參與。問題是，年輕人已經擁有足夠的三英寸讀物了，那就叫做手機。

4 改寫自《雙城記》開場白「這是最好的時代，也是最壞的時代」(It was the best of times, it was the worst of times)。

來自蘇格蘭、荷蘭、美國各地的商人在萬豪飯店會客室加入了葛史溫特納博士。那裡有關於雞尾酒及其製作方法（一九一四）和釣魚（一八二五）的袖珍書、艾蜜莉．狄金生的詩集（一九九七）、幾個不同版本的莎士比亞全集。我特別受沃格爾寫的《艾菲爾鐵塔的電梯系統》吸引，這本書由梅李公園出版社發行，大小為三乘二英寸，售價四十五美元。還有，誰不想要只有三十本、要價一百五十美元、二點五乘二英寸的《澳洲怪信箱》插圖本呢？我在審慎考慮之後花二十五美元買了一本手工製作的《袖珍書出版者簽名》，由愛荷華州牛頓市的塔馬孫查萊出版社於一九八三年發行。這本書收錄了出席第一次密會所有出版者的簽名，談的是一種有上百個出版者參與的興盛家庭工業。其中兩個簽名出自安．波莫與朱利安．愛迪生，他們後來製作出一本關於這項嗜好、以圖片呈現的經典史書《袖珍書：四千年的迷你珍寶》，而且賣給那本簽名書中的其他每個人至少一本。波莫與愛迪生的珍寶包括一本他們稱為《蘇菲的專輯》的書，這本一百四十四頁的裝訂手寫本高度不到兩英寸，內容是一位英國女性蘇菲．賀斯里年輕時從一八三〇年代到一八六二年收集的親筆簽名、速寫、樂譜。她家族的好友孟德爾頌幫了很大的忙，他們收集了布拉姆斯、李斯特、帕格尼尼、蕭邦的簡短樂譜，另外狄更斯與蘭賽爾爵士也有所貢獻。波莫與愛迪生也特別突出一本曾跟著巴茲．艾德林搭乘阿波羅十一號登月的袖珍書——液體燃料火箭先驅羅伯・哈金斯・高達德的自傳。

奧克蘭密會的參與者不只關心內容，也關注藝術和造紙工程。例如，有幾本書小到可以裝進核桃殼，還有許多立體童書和繪本。一位女士桃樂絲・尤渥和她的雙胞胎姊妹蘇珊是那場奧克蘭活動的正式主持人，她展示了為丈夫七十五歲生日所製作、非常特別的手風琴摺頁書，收錄了他每一年的一張照片（她的丈夫是字體設計師吉姆・帕金森，他為《滾石》雜誌創作的刊頭兼標誌是反主流文化的里程碑之一）。尤渥另外創作了一本手風琴摺頁風格的自傳作品，描述她身為年輕科學家的經歷，裡面有幾幅小小的立體插畫，關於物理、化學、生物實驗，是我曾捧在手中最迷人的物品之一。尤渥的作品特別讓我重新評估袖珍書的價值：袖珍書並非只是標準文本的縮小版，最好的袖珍書具有一種特性，表現出對排版工人、印刷廠、裝訂工的敬意，並帶讀者前往寶貴境界。用奇幻作家兼袖珍書收藏者雷・布萊伯利的話來說，一本好的袖珍書能夠「讓你眼中所見盡是驚奇」。

那場密會最精采的是在萬豪飯店天際線房舉辦的晚宴，袖珍菜單上寫著甜點是取名「焦糖神祕魅力」的布丁。吃到甜點時（那是法式烤布蕾），現場頒發年度最佳手工書與傑出貢獻獎。我坐在卡洛琳・布蘭登旁邊，她說她從小就迷上了袖珍書，然後，因為她已經八十幾歲了，關於袖珍書，她不知道的事情已經變得很少。她告訴我，她參加了一九八三年以來的每一場密會，而且最近捐出了幾乎所有的收藏品（一萬兩千冊書，幾乎全都小於三英寸）給家附近的維吉尼亞大學艾伯特與雪莉小型特藏圖書館。她列出幾個有名的袖珍書收藏家——包括瑪麗一世、尤吉妮皇后、羅斯福總統——其中有個我不認得的名字：路易．邦迪。她說邦迪在一九九三年過世之前是個倫敦書商，也是研究微縮品的偉大學者。她回想他最愛的一段話：「我的書很小，但我的愛很大。」

布蘭登也寫了自己的袖珍書，書名是《積小成多》。這本書記錄了她與同好的會面，其中一個是一位叫亞契的男人。布蘭登寫下的細節有些模糊。亞契在一九一三年生於加拿大或美國，他的父親和四任妻子生下數量不明的孩子。亞契在孤兒院長大，弱視，後來漂流到了出版業。他在一九三五年製作出第一本袖珍書，然後很快就專攻製作關於林肯總統的小書（他也出版了那本艾德林帶去月球的書）。他出版的最後一本袖珍書——袖珍書社群普遍宣稱他出版了四十六本——是出自《馬太福音》的《山上寶訓》的一個版本，他為此請倫敦一家桑格斯基與薩克利夫公司進行特別裝訂。這本書花了四年製作，在他過世後兩天抵達亞契家。「袖珍書永遠都能讓你開心，而且永遠都能帶給你驚喜。」布蘭登說。

同場加映——

一九一一年，英格蘭的遊戲間

一九一一年，科幻小說先鋒赫伯特．喬治．威爾斯出版了一本短短的書，解釋他怎樣與為什麼花大量空閒時間跪在地上爬來爬去，而且開頭討論的是哪一種地板最好。「地板上一定要鋪油氈或軟木地毯，這樣玩具士兵一類的物品才可以站在上面，地板的顏色和表面材質要能用粉筆做記號並看得見。」他進一步指導：「不能有連向其他房間的通道。」

《地板遊戲》是一份指南，提供給希望被當一回事的小孩和感覺童年已經溜走了的大人。這是一份懇求，在附插圖的八十四頁中，在世界分崩離析之前、傳說中的純真歲月，要求玩家進行涉及長期戰略與直覺戰術的遊戲，很像電玩，很像戰爭。遊戲中包含建造城市和防禦要塞，不只意圖讓小孩消磨幾個小時，也為成年建構「目光高遠又具啟發性的概念架構」。威爾斯希望地板遊戲能為將來的治理生涯做好萬全準備：「大英帝國將從育兒室地板獲得新的力量。」（就是這種思維鼓勵威靈頓提出「滑鐵盧戰役的勝負決定在伊頓公學的操場上。」雖然這個故事可能是杜撰出來的。）就威爾斯的情況而言，他可騙不了人：這些主要是他自己想玩的遊戲，但如果讀者想加入，那也很好。

他提出的主要活動稱為「美妙島的遊戲」，在這場冒險中，地板就是海洋，四座島嶼上住著士兵、家畜、駱駝、持有長矛的原住民和各種代表英國壓迫帝國史與光明未來的古老迷你花樣。威爾斯（有時候加上他的小孩）在島嶼周圍把這些人偶移來移去，還有槍枝和船隻，他們分而治之，直到夜晚降臨。過程中偶有火災，有時候出現人吃人。在尚未出現諷刺或帝國罪惡感的那個年代，作者解釋我們如何「登陸並改變當地，進行建設與改造，在旗桿上升起紙旗，征服當地人口，以文明賜福於這些土地。」

接著，最重要的是，威爾斯有一股控制的欲望，以及渴望探索煽動群眾的極限（他相信那是無害的）。這有時候表現在他的科幻小說中（一八九八出版的《世界大戰》裡強大的入侵者踩著三腳架矗立在獵物上方），有時候則表現在他的半自傳小說中，例如《新馬基維利》（一九一一）裡敘事者雷明頓的欲望與衝動主要來自他希望能控制世界，彷彿他還是個小孩。在遊戲間裡，雷明頓治理「地板上的帝國」，裡頭的小鎮和鄉村散布在一張油布上，周遭區域則由「偉大心靈大陸的水道與外海」所構成。微縮世界是盡情幻想的場域，在這裡，一切都是可能而可操控的，如果正常尺寸的未來讓你失望，那就抱歉囉。

就像威爾斯在他的文章中所表現的，他的政治哲學以統治為核心。對於怎樣算是理想社區，模型城市該進行怎樣的社會改革，他有他的遠見，而他對於有著完美人民的完美世界的願景使他傾向優生學；例如，他曾思索近親繁殖是不是可能養育出「理想類型」。當然，寫小說在本質上正假定了小說家掌控創造，擁有從天上觀看的視角，同時掌管敘事者與人物。在剛好早《地板遊戲》一年出版的《沉睡者甦醒》裡頭，威爾斯讓天上的視角成為故事的一部分：主角在沉睡數百年後醒來，發現自己不但有錢得不可思議，而且還成了新倫敦的統治者，他先乘著熱氣球，再搭飛機到空中視察下方的小小市民。對於市民受壓迫的生活，他幫不上什麼忙；只有小說家可以決定他們的命運。許多年後，威爾斯在最後一本主要小說作品《未來事物的樣貌》（一九三三）想像出在未來的漫長時間裡，發生了第二次世界大戰和殘酷有害的「空中獨裁統治」，結果必須以全新烏托邦取代舊有秩序。就像在全球經濟大蕭條的陰影下或第三帝國崛起時，樂觀主義出現在嚴峻的現實中，而神一般的巨大創造者則在大地痛苦痙攣時往下看著。

讓我們回到遊戲的世界，威爾斯的遊戲和他的城市需要許多物件，例如木條或板子，也反映出他的無所不知：普通人在玩具店裡可找不到這些東西。「事實上，我們對玩具店的評價不高。」他在肯特郡家中的郊區遊戲間裡寫道。（「我們」主要的意思是「我」；他的小孩在書出版時是八歲和十歲，而且如果他們對玩具店有任何負面看法，大概只能是玩具店怎麼沒開在他們家隔壁。）「我們認為玩具店糟蹋了重大的可能性。」威爾斯繼續寫道：

「我們覺得玩具店昂貴又無能。」威爾斯尤其否定玩具店供應積木。「我們看到有錢人、從汽車走出來的有錢人、有錢到超乎想像的人走進玩具店買這些貧瘠虛弱、荒謬虛偽的盒裝小積木，因為他們不知道該買什麼，而玩具店只是青春與幸福冷酷無情的貪財敵人……」威爾斯也將讀者所住建築的缺陷怪到玩具店和積木頭上，因為「你看得到它們造成的後果……倫敦到處都蓋了設計不良的別墅和傻氣的郊區。」

《地板遊戲》出版時，威爾斯已聲名大噪，《時間機器》、《莫羅博士島》、《隱形人》、《世界大戰》的成功讓他踏上文學的領獎台，從此想寫什麼都可以，所以他選擇延續《地板遊戲》寫另一本短短的書《微型戰爭》。這本書中也出現了木條、磚塊、玩具士兵、貼了壁紙的房子，這次書中還有照片，上面是威爾斯在客廳和草坪上投入他描述的遊戲。其中一張是威爾斯和英國幽默作家傑羅姆，他也很享受用彈簧後膛槍擊倒兩英寸的祖魯人。威爾斯戴著平頂草帽、穿著西裝外套和白色法蘭絨服飾，那形象就是個長太高大但發展遲緩的伊頓公學男學生，而他正是從這不起眼的地位起步，後來贏得了戰爭遊戲之父的名聲。

在這幅作家與錫製軍隊的影像之後出現的一切——每一張前廳裡的毛呢長桌、還有每一間擠滿體臭味男人的會場，他們天剛亮就把自己的戰場打包進Astra車裡，再為他們粗魯的同伴取出行囊——都多少是受威爾斯影響。雖然只有間接關聯，但說到底，就連價

「這比真正的東西好太多了。」
威爾斯（左前）和朋友們於一九一三年一起玩小小戰爭。

值數十億元的DVD和線上遊戲產業都源於威爾斯陰沉的描述。

威爾斯表示，他做的事情早有先例。他表示人類有種本能欲望，想要擊倒別人的迷你軍隊，這早在人類和軍隊出現以來就存在了。他說史前時代和古代就有微型戰爭遊戲，而他自己則在拿破崙和滑鐵盧時代見過相關的例子。威爾斯提到十分具有影響力的概念「戰爭遊戲」（德語：*kriegspiel*），由十九世紀的普魯士與德意志軍隊發展出來，在棋盤方格上標示軍隊位置與進行演習。軍官從上方統領，根據骰子的結果、當下的興致或敵人的戰術來移動部隊；那些步兵很小，因此隨時可犧牲。

《微型戰爭》在一九一三年出版，但這世界的脆弱性一開始似乎經不起這位作者的思想影響。威爾斯只在結論談到讓迷你人偶籠罩在自己陰影之下所帶來的樂趣，和籠罩在真實戰爭威脅之下的關聯。「和藹可親的微縮品比真正的戰爭好太多了。」他寫道。他所享受的小型草坪遊戲可以控制、時間短暫，又能營造快樂；這些遊戲結束的方式是玩家們在家喝茶或享用桌布上裹著錫箔紙的肉。他表示，微型戰爭不僅是比較小型的世界大戰；而是透過微縮化與可掌管的特性，警告人們留意世界大戰不是兒戲。「除了少數精力過剩的無聊蠢蛋，不分國家的人都希望見到世上的成人素質遠高過只會模仿小孩子買來的盒裝小鉛兵。」威爾斯提出他的觀點，他堅持人們不該認為他關於遊戲的文章代表擁護野蠻行為；

地毯式轟炸就該留在地毯上。為此，他還有最後一個史威夫特式的建議：讓模仿現實的遊戲，把現實變成遊戲。「讓我們把這趾高氣昂的君王和那傻氣的造謠者、這些容易激動的『愛國者』與那些冒險家、以及所有世界政策（德語：*Welt Politik*）的實踐者都放進一個巨大的戰爭之廟，裡頭鋪滿軟木地毯、許多等著被擊倒的小樹和小房子、城市與堡壘、數不清的士兵——多到足以塞滿地窖——讓他們在那遠離我們的地方過自己的生活。」

機會渺茫。就在一年之內，天上就充斥著飛船。一九一六年，如果有人走過倫敦市中心，會目睹街道遭空襲所造成的破壞，前半部遭毀的私人住宅，像極了供人玩賞的娃娃屋。

英國特權階級的極致展現：

一九二四年，勒琴斯的客廳裡，正在收拾瑪麗皇后的娃娃屋。

CHAPTER 5 家居理想

當訪客來到瑪麗皇后位在溫莎城堡的娃娃屋，可能會受許多東西吸引。首先是娃娃屋的大小：五英尺高、八英尺五英寸寬。再來是它在建築領域的重要性：由愛德溫．勒琴斯爵士在一九二〇年代早期設計，可能被視為他最有創意的作品；勒琴斯曾因為他投入在這座模型的時間，超過花在波斯石油公司總部實寸建築的時間，而遭到批評。還有，把雷恩爵士風的建築立面掀起來，獨特的內部結構一覽無遺：一系列精心布置的微縮房裡頭擺設了數百樣原創繪畫與古董，還有七百本可閱讀的迷你書。屋子裡的一切都正常運轉，包括電力、水管，還有一口電梯井；唯一無法運作的是電話。

但誰在家接電話呢？這間娃娃屋裡所有不凡事物當中，你首先會驚覺到的是，這裡面沒有娃娃。從來沒有人打算把它當成玩具，因為它太珍貴，不適合在手中把玩。這間娃娃屋其實是個化身，在單一空間裡，幾乎可以一次看盡英國歷經戰爭之苦以後的所有精華。這間娃娃屋有高水準工藝，並以這份順服的義務激勵創作者將能力發揮到極致，你完全可以宣稱，沒有其他東西（無論是不是微縮品）比得上它。

在第一次世界大戰之前，微縮屋在歐洲和俄國皇室的傳統角色是保存財產。娃娃屋被用作個人所有物的目錄，也有展示財富的功能。如果你自詡為室內設計師，娃娃屋也有幫助。但瑪麗皇后的娃娃屋可遠不只於此，它越過了胸懷大志與純粹的完美主義者，進入貪婪的境界。裡面擺放的不是瑪麗皇后已經擁有、或曾稍微想要擁有的東西，而是如果是原尺寸她根本不可能如此大量擁有的東西。

這個點子是瑪麗・露易絲公主想出來的，她是英國國王喬治五世的表親，也是瑪麗皇后自小的好友。她注意到瑪麗皇后很著迷於小小的東西——瓷碟、玻璃小雕像、其他小飾物——或許也留意到人們覺得瑪麗皇后像個乞討者：瑪麗皇后在拜訪朋友或公共機構時經常表示她多麼喜歡某樣東西，並暗示（或許透過侍臣傳達）若對方不從，可能遭到斬首；於是，朋友都在她來訪之前把最寶貴的東西藏起來。一九二一年春天，瑪麗・露易絲公主考慮說服朋友勒琴斯創作一個獨一無二的東西，而這位建築師認為這是個好玩與行善的機會（這個點子出現時他正在新德里進行城市中大部分的都市設計；他最受尊崇的作品是戰爭紀念碑——白廳的戰亡將士紀念碑）。勒琴斯接受這項請託之後，馬上放手一搏，宣布展開最龐大的計畫：整個工程完成時，將有一千五百人參與其中。他在薩沃伊飯店舉辦他所謂的「娃」利路亞晚宴（DolleLujah Dinners）接見眾人，討論該用多少錢委託誰；還有一份七百位藝術家的最終名單，有五百位贊助者想在這個計畫中掛名，或許希望藉此換得好名聲。

初期有幾個簡單的選項。佛蘭普頓爵士答應鑄造房子立面的裝飾，包括紋章，後來又設計了肯辛頓花園中的彼得潘雕像；卡地亞答應製作一個可運轉的落地鐘，模仿十七世紀湯瑪斯．湯皮恩的經典作品；詹姆斯．普迪父子公司報名製作獵槍；哈迪兄弟公司做了三件式帕拉寇那竹製鮭魚飛蠅竿；約翰．威斯登公司製作了柳木板球拍；而唱片行HMV費盡千辛萬苦做了一個等比縮小、可運作的發條留聲機。這些東西結合了皇室歷史的榮光（數套盔甲、走廊上有亡故已久的君王肖像）和普通的便利設備（博爾丁父子公司的木製馬桶和皇后臥室裡的集寶保險箱）。

當時最優秀的藝術家從各個技術與文化領域聚集而來，一起製作再也不可能重現的東西，就算他們沒有馬上受邀，也會設法動用關係加入。這間微縮屋是把皇家藝術學院、倫敦圖書館、哈洛德百貨和各個優秀行會的十八般武藝全都濃縮進一個縮小了十二倍的奢華居家烏托邦。而那還只是臥室和廳堂而已。其他技藝與服務貢獻在遊戲間（迷你模型鐵道、小小鉛兵）；廚房（黃金製的銅鍋、橡木桌上擺著法蘭克庫柏牌果醬和牛頭牌芥末）；食物儲藏室（小小罐的吉沃斯草莓果醬和能得利水果糖）；酒窖（超過兩百瓶酒商貝瑞兄弟的蠟封葡萄酒，還有吉爾比琴酒、路易・侯德爾香檳）。在上方的房間，僕人房的彈簧床下有便盆，爐架裡生著火；下方則有一輛勞斯萊斯銀鬼停在人字車道上發出轟隆聲。

然後，有一座葛楚・傑克爾[1]設計的花園（有何不可呢），當她拾起迷你鋤頭時，雙眼已幾乎看不見了。當然，圖書館裡有個可轉動的地球儀，Bromo衛生紙擺在木製馬桶旁，Vim清潔劑擺在洗手台旁，還有傳統式利用重力上下拉動的吊窗。不過，那輛銀鬼的車門裡為什麼沒有附銀製瓶蓋的威士忌酒瓶組呢？

到了現在，當你知道行李房和布巾間裡堆滿了東西，已經不會感到驚訝。（作家露辛達・蘭布頓注意到，這些布巾的材質包含錦緞、棉、法蘭絨、羊毛，而且，從僕人房的毛巾到皇室臥房的枕頭套，每一樣上頭的壓花字紋都精美得「讓人不禁想說那只可能出自精靈之手」；其實這是一位愛爾蘭裔法國女裁縫獨自完成的作品，總共花了她一千五百個小時。）但最大的一間是圖書館，而所有東西當中最令人印象深刻的是，絕大多數的書都擺在架上，只露出書背。在真實尺寸的圖書館裡，你會預期看到這景象，裡頭的每一本書都可能被任何人翻開瀏覽。但你或許不會預期在這座圖書館也能如此，裡頭的藏書包含吉卜林《如果》的最新插畫版和史丹利・吉本斯剛裝訂好的集郵冊，更別說還有古斯塔夫・霍爾斯特的小樂譜，這些都只有皇后娃娃屋當時的主人可以閱覽，而在我寫作的時候，那位主人正好就是現任女王。

她可以好好欣賞的其中一本是柯南道爾爵士特別為這間圖書館所寫的福爾摩斯迷你小說（共二十四頁），標題為《華生怎麼學把戲》[2]。但她可能更加偏好羅伯・格雷夫斯，他貢獻了四首新作的手寫詩，比湯瑪斯・哈代少了兩首；或來自伊迪絲・華頓、豪斯曼、赫胥黎、薩松的詩歌。《小熊維尼》的繪者謝培德設計了附在每一本書上的藏書票，製成一幅圖案為溫莎城堡的木版畫，其上有縮寫 M. R.（Mary Regina[3]）。還有來自保羅・奈許、勞拉・奈特、巴特曼、亞瑟・拉克姆、希斯・羅賓遜、威廉・尼可森、海倫・阿林漢、艾德蒙・杜拉克、喬治・吉伯特・史考特、內文森、馬克・格特勒的迷你藝術品。圖書館架設了特別陳列櫃，以收藏所有牆上掛不下的圖畫。總共有約七百幅。

有些異議份子拒絕加入。吳爾芙和蕭伯納都為他們的缺席致歉。不過，最不感歉疚的當屬艾爾加，詩人薩松在日記中回憶這位作曲家曾說過：

1 十九世紀英國知名造園藝術家。
2 繁體中文版收錄於《福爾摩斯探案全集6：恐怖谷——增錄外傳：華生怎麼學把戲》，好讀出版（二〇一五）。
3 Regina 在拉丁文為女王之意。

我們都知道國王和皇后沒有欣賞藝術的能力。他們從未徵詢能否將我的〈第二號交響曲〉納入溫莎城堡的圖書館……但我卻受邀參與皇后的娃娃屋……我認為請一位藝術家攪和進這場胡鬧當中，是一種侮辱。

這間娃娃屋怪誕荒謬，但不是胡鬧。雖然，在我的想像裡，過一陣子之後，就連勒琴斯和他的助理肯定都厭倦了那些收藏品的細節。或許他們開始懷疑，世界上還有什麼東西不能成功製作縮小版？或者，怎麼可能有任何東西在成功製成縮小版以後，不會吸引未來世世代代，為他們帶來樂趣？

• • •

從鎮上的一座停車場走上山丘，經過披薩店和軟糖店前提供試吃的男人，還有溫莎城堡旁邊身穿制服的導遊。門票超過二十英鎊，售票口有人在排隊，而在娃娃屋入口甚至有更長的隊伍，那裡位在城堡較新區域的邊緣，即在大約十六世紀、亨利八世的時代才建成（古老區域則幾乎可回溯至諾曼人入侵時期）。

這間娃娃屋自一九二四年開始公開展示，首先在位於溫布利的大英帝國展覽會展出了七個月，接著又在理想家居展中展出了幾個月，之後就一直待在溫莎城堡（除了一九七〇年代中期有段時間在維多利亞與艾伯特博物館及科學博物館進行修復）。這幢小房子完成時，瑪麗皇后送了一份小禮以表謝意：一封感謝信及一張簽名照。

如今，這幢娃娃屋被圍在高聳的強化平板玻璃箱裡，箱子堅固到可以把漢尼拔關在裡面，而我自己去看的時候，旁邊煩躁的工作人員對參觀體驗毫無幫助，他請大家不要逗留，盡快圍著房屋四周繞一圈，因為外面的隊伍已經很長，而且還愈來愈長。彷彿我們偶然撞見犯罪場景，叫我們不要圍觀。有一刻他真的說（應該要放低音量但實際上非常大聲）：「我叫大家往前走，有人聽進去嗎？」

就算隔著玻璃，再加上有人催促的壓力，也絲毫不減今日見到那幢娃娃屋的喜悅。這間房子的外殼永久性地整個懸掛在內部構造上方，而且不同於多數單面的傳統娃娃屋，必須圍著這個模型觀賞。房屋內外的燈光皆投射出一種黃昏時分的氣氛：小孩該上床睡覺了，所以玩具有一半收拾好了；但對大人來說，這是盛裝打扮的雞尾酒時間，所以餐桌布置好了，空氣中瀰漫著期待。近一世紀以來，這棟房子都不顯過時，只變得更加不凡。你不需要具備獨特的品味就能欣賞它，也不需要任何後天習得的判斷力：只需要有足夠的空氣，好讓你倒吸一口氣，驚歎「女傭的櫥櫃裡有一台迷你胡佛吸塵器，附有彎曲電線和半滿的集塵袋！車庫裡有個附橡膠管的殼牌汽油幫浦！」每個細節都飽含完美主義，而且，這些細節以一英寸比一英尺的比例反映出英國優勢階級最好的一面。其創作者一定不可能想到，這一切多快就將面臨終結。

如果有個四到六歲的小孩，或許還是個女孩，在造訪瑪麗皇后的娃娃屋後，自己不會也想立即擁有一棟是非常困難的事。散文作家班森就注意到這件事，雖然說法過時，卻是事實：就連有著世上最富有雙親的女孩，都很難擁有在規模或品質上接近它的東西。但有一個人自行達到了相近的境界，這位女性名叫納西莎．尼布萊克．索恩，她在雜誌上讀到這份關於瑪麗皇后的禮物，於一九三二年開始製作一份可與之並駕齊驅的奇蹟——總共六十八間的獨立娃娃房，顯現出歐美家居發展的軌跡，從十三世紀的法國哥德式建築到一九四〇年代的加州當代建築。這些房間的縮小比例主要是常見的一比十二，形成室內設計發展過程獨一無二的精采描繪。

一八八二年出生於印第安納州，索恩太太是一位四處出差的傑出商人之女，等到她在大約一九〇〇年移居芝加哥時，已經遊覽歐美各地。她在十九歲與詹姆斯．沃德．索恩結婚，財富與人脈隨之增加，她也成了慷慨的主人與藝術贊助者。她從年輕時就開始收集微縮品——家具、圖畫、各式家居用品——但在一九二〇年代，她的嗜好找到了新的方向。她迷上了在博物館看到的時代館，想著是不是也能用自己的收藏品並加入新品，製作出吸睛的微縮展示間。這股小小野心很快占據了她，從一開始稍微亂槍打鳥地收集時代家具，迅速發展為嚴格的奉獻投入。她決心以全面詳盡的方式與煞費苦心達成的精準度，描繪出一段居家生活的個人史，至少是上層階級的生活。她的兒子回想母親的工作室裡有三十個完成程度不一的獨立房間，也有專家前來鑄模或鋪地板。她的第一批房間一九三三年在芝加哥歷史協會展出時，造成大排長龍，從此之後她的展覽都聚集大批人潮。

今日，你可以在芝加哥藝術博物館地下一樓占據狹窄走道的常設展看到索恩令人屏息的作品。這些被框起來、點了燈的箱子比例精確，引人入勝，但最重要的是這些作品都很美，讓人毫不猶豫地大讚神奇。我們向內窺探這神祕世界，馬上就認了出來，因為那就是時尚雜誌和電影裡的世界。

這裡共有二十九個歐洲房間，除了一間，其他全是英國或法國風（例外的一間是德國風，來自十九世紀早期比德邁時期的客廳）。只要舉個英格蘭風房間的例子——一九三〇年代鋪了大理石地板的客廳，從打開的落地窗可以看到攝政公園——就足以衡量建造全部房間所投入的心力。鴿子灰的牆上有繁複的洛可可風石膏浮雕，齊本德爾式的椅子混搭路與玻璃製的桌組，上面擺著雞尾酒搖杯和香菸匣盒，還有一份皺皺的報紙在簡單的現代沙發上。整個空間優雅、寬敞、寧靜，你幾乎可以聞到藍色花瓶裡的白色百合花香。一切都在頗為典型的十七乘二十七乘二十一英寸大小的空間中。這個房間不需要安妮女王小屋風格的廚房或喬治亞式門廳所需的那種研究，因為這是索恩太太會想和塞西爾・比頓[4]一起活動其間的客廳。就像在溫莎城堡一樣，只有戰爭才能粉碎它的自信。

其中三十七個美式的房間，範圍從大約一六七五年的麻州客廳與廚房，到一九四〇年代的加州夢，途中會經過從鱈魚角到新墨西哥州的客廳與起居室。在最後一個房間裡，未來在呼喚著：西岸風格門廳擺設了藝術家費爾南・雷捷等人的原作，後方的風景則是金門大橋。唯一讓給東方的是來自日本、年代不明的傳統座敷，裡面都是拉門、上了亮漆的桌子、和諧的竹子。但索爾的每一個房間終究都是和諧的，因為我們已經發現所有精緻微縮品都有這個特性。沒什麼比一個小小的物品更能讓我們平靜地沉醉其中。

如果你沒辦法去芝加哥，可以試試網路上的路徑。在「索恩遊戲」(Game of Thrones)的迷宮裡，玩家要跟著提示走，每當螢幕上的游標點擊到正確位置，玩家就能得到下一個提示或進入下一個房間。遊戲的目標（讓人感覺這會導致幽閉恐懼症又削弱人心）是收集足夠訊息，以「逃離充滿謎團的房間形成的神祕區域」。例如，玩家點擊十六世紀晚期法國臥室裡的床鋪，再閱讀床篷下方內嵌的訊息，讓我們找到可以加速逃亡的三個字母。玩家經過一道門，通往一七五〇年代中期的法國豪華私室，如果點擊火爐旁的白色大理石雕像，就會出現字母「M」。

我厭倦了點擊滑鼠，決定走去看索恩正在倫敦展出的一組作品。這組作品來自一九三六年，當時她接到一項意外但迂迴得令人愉悅的請託——皇室請她打造溫莎城堡圖書館的模型來慶祝（不久後就遭到拋棄的）愛德華八世的加冕典禮。這座模型現在位在倫敦的維多利亞與艾伯特博物館。當然，它比不上瑪麗皇后的娃娃屋：儘管出色，但書架上的數百本書都不能翻開，也不能閱讀。

如同瑪麗皇后的娃娃屋，索恩的房間完全沒有娃娃的容身之處。出現娃娃會搶了家具的注意度，並減弱我們想像自己倚靠在這些家具上的能力。但還有另一個原因：娃娃看起來並不真的像縮小的人。我們富有曲線又充滿生氣，而娃娃太容易解讀了。我們在觀看耶穌降生場景時（那可能被認為是娃娃屋的先驅），很少需要驚呼：「看看那些智者，真是神

4 英國攝影師、室內設計師，也是獲獎的舞台和服裝設計師。

祕莫測！」把娃娃放入溫莎城堡或芝加哥的精美物件中，會讓那些大大的玻璃眼珠、雪紡洋裝、馬毛製成的頭髮看起來更假；微縮娃娃可以代表的，只有比較大的娃娃。

但娃娃——男性或女性、逼真或沒那麼逼真——在微縮地景中可能有其他用處。透過它們了無生氣的特性，可能適合代表人類行為的黑暗面，而沒有什麼例子比法蘭西絲．格雷斯諾．李的作品更適合說明這點了。

李年輕時常以普通的方式裝飾普通的娃娃屋——也就是一絲不苟的態度。她也製作了其他迷人的模型，例如整個芝加哥交響樂團：九十位音樂家與九十件樂器。但她之所以為世人記住，卻是因為某個更令人不安也更有用的東西。李小姐比索恩太太早四年出生，兩人都住在芝加哥，都在八十歲中期過世。她們的個人志趣相似到彷彿本來可能出生在同一個家庭，但是——借用楚門．柯波帝的話——索恩從前門出去，李則從後門離開。[5]

李在一九四〇年代開始精熟於製作小型但逼真的模型箱，描繪恐怖事件的發生地點。這些模型以木頭、布料、金屬、塑膠、玻璃、以及其他你預期在普通住家可以找到的材料製成，有十九座模型成功留存下來，雖然可能還有些模型沒能完工。每座模型都花數月打造，而且全都富含精確有力、反映時代的細節；她堅信如果在細節上出了錯，或者粗製濫造，就會馬上失去觀者的專注度。於是，地毯、水槽旁的肥皂、桌上的麵包和牆上的鏡子全都經過完美縮小。咖啡滲濾壺裡有真正的咖啡粉，浴室中有隨手可及的極小藥罐，而客廳裡的棉布扶手椅則舒服得讓觀者幾乎想坐在那兒。

但其實你不會真的想坐在那兒：這些房間有人在廚房地板上流著血，吊在繩子上或倒在樓梯底。一具軀體往後倒在浴缸裡，水龍頭流出來的水湧向臉龐。有時候房裡有破壞或打鬥過的跡象，但有時只有枕頭上的口紅。但永遠都有一具屍體，因為謀殺是李關心的事，因而屍體總會適時出現——裙子下的內褲底下穿著緊身褲、還有真皮鞋底的編織拖鞋——是個逼真的生命，被創造出來只為表現其死亡。李稱呼她的模型為「死因不明案件的微型研究」（Nutshell Studies of Unexplained Death），在這些模型誕生大約八十年之後，有些案件死因依然不明。

李之所以從高貴的上流社會走向暴力血腥，是受到朋友喬治．伯吉斯．麥格拉斯的啟發，這位波士頓法醫經常為警察於法醫涉入案件前，在犯罪現場表現的草率行徑而感到震驚（他們會移動或移走證據、清理血跡）。李創作的場景出自想像，但常基於麥格拉斯的描述或報紙上的謀殺報導。她為那些場景增添層次：爐台上一盤令人垂涎三尺的食物、曬

5 柯波帝曾以此形容自己與其訪談著作《冷血》的主角之一派瑞（Perry Edward Smith）的相似性。

衣繩上剛洗好的床單隨風飄動——都是經過刻意設計的誘餌。這些誘人的物件可能會、也可能不會讓觀者找到殺人動機、行凶手法或犯人（儘管並非每具屍體都曾遭遇犯罪行為：也有些人死於古怪的意外或自然死因）。最重要的是，李想讓她的立體透視模型具有教育意義，以大約一英寸比一英尺（一比十二）的比例輔助觀察。三十英寸的桌子被縮小到不到三英寸，而一把約十一英寸的左輪手槍則被縮小到一英寸。她說，她的意圖是要讓人從模型頂端開始察看，以順時針方向向內旋轉移動，慢慢前進以確保沒有遺漏任何東西，最終結束在中心的屍體；九十分鐘應該足以收集所有線索。她不把自己的作品視為藝術或工藝，也肯定不是娛樂（但她的模型和早期的電視差不多大，這一點很妙）。她的作品完全沒有索恩製作的房間那種美學吸引力。反之，李將她的作品視為科學，如果她知道這項實驗至今依然有價值，一定會很高興。

• • •

每當李的名字出現在報紙上（在她晚年時常發生），她總是被稱為「有錢老太太」。她確實是，但如果這種形容方式讓人聯想到上流貴婦的形象，純屬誤會。李成為犯罪模型製作者之前是一位正義狂。她盡一切努力來提升警察執勤績效，部分原因可能是要守護自己的特權地位，但也為了保護弱者。最重要的是，她相信若犯罪打擊者目標清晰而不腐敗，他們的任務是要「為犯人定罪，還無辜者清白，以及找出最終真相」。為此，她在一九三〇年代協助哈佛法醫系及哈佛警察科學協會成立，兩者都旨在將謀殺調查現代化：她相信現在該以演繹的科學技術，而非傳統的調查方法或魯鈍直覺來指引道路，而她的信念是革命性的。歷史上稱她為鑑識科學之母，而她的關注焦點及

她血腥的立體透視模型：一九四九年，李用鑷子調整一份「微型研究」。

受她影響的人，或許拯救無數人免於處決。這個歷程進一步延伸為她血腥的立體透視模型：藉由把行為濃縮到只剩下核心成分，她讓觀者看見真正重要的事物。即便到了今日，我們已受過懷疑論的充分薰陶，依然很難不在看著這些模型時同時感到厭惡與欽佩。它們不過是些用來玩賞的箱子，卻完成了一項不可能的把戲：以懷疑籠罩我們，而懷疑正是進一步調查探究的前兆。

李很了解死亡。她在一九二九到一九三六年之間失去了兄弟、母親、女兒、父親。就像攝影師科林·梅·伯茲近距離拍攝李的模型之書中所觀察到的，研究李這個人或許要以慰藉為題。她是個強硬苛刻的人，一位家族成員描述她是精神科醫師的絕佳案例。她外型具男子氣概：短髮、素顏、五官突出、戴金屬框眼鏡；連最資淺的心理學家都會注意到她渴望融入男性主導的世界。根據伯茲的說法，她早年同時受到保護與壓抑，她擁有舒適的上層階級背景，同時家長對她期望不高。她精通家政工藝，卻只有狹隘的職業選擇；她想上哈佛大學的要求被視為不夠淑女。李計畫逃離壓迫她的雙親；她在破裂婚姻中生下的三個孩子說她在脫離他們的束縛之後看起來最快樂。一九三〇年代首次聯繫麥格拉斯，並初嘗經濟獨立的滋味之後，她的命運產生了顯著的轉變。

李熱愛福爾摩斯和阿嘉莎·克莉絲蒂，或許她的外表變得像克莉絲蒂筆下的瑪波小姐並非純屬偶然，她把頭髮全都挽成髮髻，穿釦子扣到最高的深色襯衫和受一九二〇年代瑪麗皇后風格影響的帽子，神態嚴肅。但她比任何人都深知外表可以欺瞞他人。她對於克莉絲蒂許多溫暖讀物中出現的精采社交生活不感興趣，反而擁護下層階級；李製作的許多箱子都反映出艱苦都市生活對尊嚴的損害與不確定性。雖然掙扎於日常生活本身無法解釋降臨在箱裡娃娃身上的恐怖結局——在套房、穀倉、門廊、車庫裡——但確實讓這些箱子以慘淡的現實主義為根基；她創作的場景常瀰漫著一股強烈的悲傷。

她的受害者大多為女性，但目擊她們的微小死亡的幾乎都是男性。「視察者若想像自己是個六英寸高的小東西，最能好好檢視這些犯罪場景。」她解釋：「只要觀察一段時間，就能讓他走進那個場景，發現許多若不這麼做就會忽略的微小細節。」她表示這些模型意圖描繪每個場景最具「效果」的一刻，「如同電影畫面停格」。

李的每個模型都附有幾段文字。這些文字來自「目擊者」，經常是家人或死者在當地認識的人，他們發現屍體，因此提供了重要證詞，即便是杜撰的。例如，在「粉紅浴室」中，「羅絲．費雪曼太太」死在地上，目擊者是她的管理員山謬．魏斯。他在口供中回憶，「幾個房客抱怨有一股氣味，然後我在三月三十日開始尋找氣味的來源。」他顯然聞到了費雪曼的氣味。她沒來應門，魏斯看到信箱裡積了一堆郵件。他進入屋裡，但沒辦法打開浴室門，所以從防火梯通過浴室窗戶爬進去，發現倒下的費雪曼太太。

李接著解釋，「我們千萬不能忽略，這些口供可能是真的、可能有誤或故意講錯，也可能結合以上兩、三種情況。因此觀察者必須用全然開放的心檢視每一個案子。」就魏斯先生的情況，他的陳述屬實。費雪曼太太從浴室門上吊，但只有最敏銳的眼睛才會注意到她浴袍的藍色綁帶有幾條細線落在浴室門頂端；魏斯強行進入浴室時移動了懸掛著的遺體。

「粉紅浴室」和「黑暗浴室」的場景頗為不同，也就是屍體在浴缸中、水龍頭湧出水的那個場景。這具屍體是瑪姬．威爾森，目擊者為她的室友麗茲．米勒。米勒在宣誓後陳述威爾森患有癲癇（一個可能死因），但她發現屍體那天，也有兩個男人去威爾森房間，而且他們似乎喝了很多酒（另一個可能死因）。浴缸裡的水是為了淹死她，或是在她發作後想讓她甦醒？死後僵直的屍體是否被移動過，還有，為什麼屍體呈現這麼怪異的姿勢？地毯上的罐子和旁邊的藥暗示了什麼？創造出這個謎題的人——那個女人用大頭針大小的針編織著死者的黑色棉製長統襪，然後寫信給兒子談論這個工作真是費力得不可思議——成功地把我們帶離她模型的精細尺寸，進入一個比模型大上許多的世界。

大約八十年後，我們依然深受李的作品吸引。經過幾十年後，她的模型肯定因年代感而顯得更加獨特，但依然離逼真有一段距離。二〇一七年秋天，這些模型曾是史密森尼學會一場展覽的主題，但它們平時通常存放在附近巴爾的摩首席法醫辦公室的高樓層（首席法醫辦公室也主辦每年的法蘭西絲·格雷斯諾·李謀殺調查專題研討會，出席者包含偵探、病理學家、律師，為期一週的活動中，必定會花幾個小時仔細端詳「微型研究」。）她的作品曾經啟發虛構作品的創作，電視影集《CSI犯罪現場》有一季出現了微縮品殺手——一個連續殺人犯在犯案現場總是留下自己精細的縮尺模型以示挑釁。李如果知道，會強烈譴責她的罪行，但欣賞她對細節的關注。

無論從任何角度、在任何年齡，看完這些模型之後，都無疑有種實現野心的感覺留在你心中。你是否解開了粉紅浴室中屍體的謎團不是重點，也從來都不是。重點是，李充分運用了微縮品的潛力，而同樣這股潛力可以連結到瑪麗皇后的娃娃屋裡的所有房間及索恩的作品。你靠得愈近，就看到愈多，於是又靠得更近。

同場加映——

一九六七年，舊金山的大熱門

「愛之夏」[6]誕生後五十年，舊金山的教會區走上和其他區不太一樣的路，這裡很寧靜。數位世界丟下了城裡的這個區域，所以你能繼續找到便宜的墨西哥捲餅和二手商店，或許依然能買到毒品和被搶。而且你仍舊能夠看到馬克·麥可勞德躲在上了永久顏料的簾幕後面，他門上有個標誌寫著「**我還是會投給扎帕**[7]」。

麥可勞德是迷幻藥界的藝術家，他也意外成了迷幻藥界的檔案保管員。他的客廳牆面被裱了框的吸墨紙藝術覆蓋，這是迷幻藥LSD傳遞系統迷人的副產品。這種工藝品常為七·五英寸見方，剛好比黑膠單曲的封套大一點，上面的圖案反映了迷幻反文化——星系間爆炸、神祕符號、羅伯·克朗布筆下的漫畫角色——以及產生幻覺時會看到的彩色景象。靠近一點看，會發現這些並非完整一體的圖像，而是九百或一千張吸墨紙連成的有孔紙片。裡面的化學效力早已蒸發，再也沒辦法送你去另一個星球。但其作為微縮藝術的價

6 Summer of Love，一九六〇年代美國嬉皮運動潮。
7 指美國歌手法蘭克·扎帕（Frank Zappa，一九四〇–一九九三）。

值依然存在，保護這種價值的任務就落在麥可勞德的肩上。

我安排在二〇一七年八月的一個下午和他會面。我按門鈴和敲門時無人回應，隔天打給他，他為放鴿子提出一個無可辯駁的解釋：「我有時候在家，有時候出門。」我下一次拜訪，他穿著印了骷髏頭的黑色T恤，而屋裡已經有其他粉絲了：幾個來自德州的大麻吸食者沒辦法從他的沙發起身。麥可勞德在王位般的椅子上滔滔不絕，椅子上方是有著三個時鐘的壁爐台，其中兩個仿造達利的溶化時鐘。他身後有一張艾伯特・霍夫曼的大型照片，這位瑞士化學家在一九四三年第一次合成與體驗到LSD之後，從實驗室經過一趟迷幻自行車之旅回家。我太太幾天後打給麥可勞德詢問能否取得一份吸墨紙的複本，他想用他的藝術品交換一條她剛烤好的酸麵包。他解釋，「我愛麵包，唯一不喜歡的是庫斯庫斯（couscous）。」他說他曾在巴黎參加過一場糟糕的庫斯庫斯／迷幻藥活動，不過相關細節模糊。

麥可勞德在阿根廷長大，來自奧克拉荷馬州的母親是原住民切羅基族後代，而次中量級拳擊冠軍的父親則來自加州。他父親在第二次世界大戰結束後得到一份軍車裝配的工作，於是他們搬到南美洲。麥可勞德記得他的童年很孤獨，都在收集郵票和盒裝口香糖贈品。他的首次微縮品歷險記由螞蟻領銜主演。「我的螞蟻農場裡有八隻螞蟻，牠們個性不同，都有自己的名字。」他也收集硬幣，並拍攝螞蟻在披索上「擔任模特兒」的照片。

他們一家在一九六六年搬回加州，麥可勞德說他在大約一年之後第一次在聖塔芭芭拉使用迷幻藥，當時他十多歲。他愛上了赫胥黎和死之華樂團，藝術學位和使用迷幻藥共同增進了他對迷幻藝術的欣賞。他在七〇年代中期注意到迷幻藥上的迷你插畫變得愈來愈有想像力。「我內在的錢幣收藏家和集郵家接手了。」他說（之前或許從來沒有迷幻藥愛用者講過這句話）：「於是我開始認真蒐集。我欣賞的是可以在這麼微小的平面上捕捉到如此龐大的美，而且還是有用處的。」他判斷這值得保留，於是他的非法圖像研究院（Institute of Illegal Images）誕生了。「我在諾伊谷開始請一個矮矮的老師傅裱框，他不知道這些是什麼。有一次我去取件但他沒開門，於是我想：『噢，不，他舔了手指，我把他給殺了。』」

如同所有好博物館，這所博物館也有一間商店。麥可勞德在店裡以一千美元販售他最經典圖像的巨型放大版藝術印刷品，包括《萬能昆恩》（一個愛斯基摩人往外看向海）、戴著太陽眼鏡的酷酷史奴比（擁有麥可勞德所謂的「犯規微笑」）、《魔法師的學徒》（一般認為裡面的藥來自霍夫曼的實驗室）。他也獲得授權，可以販售一本名為《吸墨紙穀倉熱門精選》的袖珍書，兩英寸見方，包含類似的經典圖像：獨角獸、金鑰匙、土星環、戈巴契夫的圖片（「推倒柏林圍牆的小戈巴契夫」）。雖然是沒有迷幻藥的複製品，但還是非常迷人，尺寸強化了它們的力量。

在迷幻藥一九六〇年代中期被判為非法之前，精神分析師和嬉皮可以透過各種管道取得迷幻藥。大顆藥丸很受歡迎，浸濕細線和方糖塊也是。但當藏匿與運輸成了問題，毒品又愈來愈商業化，毒販開始尋找比較簡單的方式來分發貨品。一開始法律上根據載體重量而非藥劑強度來決定刑期，因此他們用膠囊進行實驗。但結果證明沒有其他方法比吸水厚紙更有效或容易運送。

起初，他們把藥分別滴在石蕊試紙上；通常一張矩形紙上有五乘二十滴，然後剪下一滴滴藍色區塊服用。不久，標準吸墨紙取而代之，方法是浸濕整張紙再切割。很快地又出現了鑽孔的方式，不再需要剪刀。吸墨紙是科技創新的展現；這種最小又最有效率的分送方法把眾所渴望的產品帶入大型市場。商業藝術忽然縮小為比指甲、ＳＩＭ卡或表情符號更小的東西。

就連知覺並未增強的用藥者都在短時間內注意到每張藥上有小小的圖案。這些圖案有雙重目的：表示藥劑強度，也表明配藥者身分。對嬉皮而言，那是在打造品牌：自豪的迷幻實驗室希望建立信譽，成為你願意信賴的製藥者，曾大張旗鼓退出社會的視覺藝術家找到一種真誠的管道重返舞台。

介紹我認識吸墨紙藝術的不是麥可勞德，而是幾年前遇到的一個叫路西法的人。路西法是個三十一歲的前旅行家，住在薩塞克斯鄉下、霍舍姆附近的乳牛場改造房屋，他告訴我路西法是他的本名。他蒐集和設計吸墨紙藝術，也曾經用藥。觀賞他的收藏品本身就像一趟輕微幻遊。他給我看他第一次看到整張吸墨紙的作品，那是有著提摩西．李瑞[8]側臉的複雜圖案。李瑞的肩上有骷髏圖，音符從他的耳朵出現，而他的教誨——「空間遷移等於智慧生命延伸」(Space Migration equals Intelligent Life Extension)或簡稱SMILE——就印在一旁。「我想那是一九九五年，我在銳舞開始前坐在場上。有張沙發圍著火，我坐在上面，有人拿著一張剛浸過藥的吸墨紙出現，就是這張。大家拿著它驚歎：『哇！』你可以從指尖感覺到它的能量。」

他記得某些吸墨紙上有些部分藥效特別強。有時候他們浸完藥捏著上端的角落，於是迷幻藥流到底部。「有人告訴我，李瑞那張的骷髏圖部分被重複浸了一次。」他說他在

8 美國心理師，因於一九六〇年代宣揚LSD對人類精神成長與治療病態人格的效果而備受爭議，對當時的反文化運動產生影響。

二十出頭時基於安全因素停止使用迷幻藥。「每個碰過吸墨紙的人都注入了他們的能量。我用過好幾張都讓我出現負面知覺……我幾乎經歷了另一個人的人生。」他取出塑膠資料夾：「這是《辛普森家庭》，然後這是《瘋四與大頭蛋》、罕醉克斯、《逍遙騎士》、《骷髏舞》。」路西法說如果我覺得他的收藏很精采，那真是沒見過世面。他說有個收藏家可以打敗他（同時補充，要打敗那個人是不可能的），那是一個住在舊金山的人，叫麥可勞德。

麥可勞德自己心目中有個英雄，那個人叫佛瑞斯特。佛瑞斯特是當地的吸墨紙藝術家，他無法抗拒自己的貨品，因為運毒被捕並於一九八八年被送去聖昆丁監獄關十年，從那之後麥可勞德就接手他的設計工作，正式從收藏家和啦啦隊轉為創作者與玩家。麥可勞德最有名的作品出現在一九九三年──九百張《愛麗絲鏡中奇緣》吸墨紙，這是圖像與毒品的完美碰撞。每一張的顏色與劑量不同，但都有同一幅圖像，就是愛麗絲走入一面鏡子，踏上驚奇的冒險旅程。白兔、柴郡貓、蛋頭先生在場旁觀，剩下的空間則填滿了卡洛爾的詩作〈說瞎話〉裡的文字。這是其中一面，另一面則是她從鏡中帶著驚恐出現。這些插圖十分偏向十九世紀約翰．坦尼爾爵士[9]的風格，雖然麥可勞德也將他的設計歸功於自己被美國緝毒署逮捕後（調查代號為「鏡中行動」）不久經歷的一次難忘幻遊。

麥可勞德逃過了刑罰，十年後，在二〇〇三年重施故技。緝毒署在第二次嘗試中沒收麥可勞德家中數千張吸墨紙並加以分析（他號稱數字是三萬三千張），檢察官主張，既然麥可勞德擁有這麼多吸墨紙，他一定在販毒。麥可勞德推論，他的微縮收藏品很容易遭到誤解；他說他的罪過絕不超過販售Rizla捲菸紙的菸草店老闆。當然，這不是說他並未使用自己的收藏品。他在第二次上法庭時對陪審團說他在一九七〇年代早期經歷了迷幻重生，從高處的窗戶跌落，他形容那幾乎必死無疑。他解釋，他被一張特別不可思議的「橘色陽光」當中的肌肉放鬆與心智擴張特性所拯救與慫恿。陪審團相信了他，而且當他說自己現在是博物館館長，他們再次信了。麥可勞德回想，「他們喜愛所有展示品，怎麼看都看不過癮。」

二〇〇三年的審判結束時，麥可勞德發現他鮮為人知的嗜好已發展成可賺錢的市場。至今依然沒有吸墨紙稀有度及價格的正式目錄，主要拍賣行也還未接納吸墨紙收藏家。但只要這個市場起飛，或許因為俄羅斯或遠東地區有人對此感興趣，麥可勞德就能成為大富翁。他的收藏有一個元素保證了未來稀有度：無論一大堆吸墨紙作為藝術的新興價值有多高，它永遠都要與某人對幻覺的需求競爭。

9《愛麗絲夢遊仙境》與《愛麗絲鏡中奇緣》的插圖繪者。

如今eBay上有各種各樣的迷幻藥紙片複製品出售中，多數售價和文具店的吸墨紙相當。不過偶爾會有要價數千元的紙片。其中一個例子叫《LSD六十年——心智狀態IV》，「立即買」價格為兩千七百五十英鎊。這當然是浸過藥的。事實上，這張價格如此之高，是因為紙片底部有霍夫曼的簽名。（霍夫曼於二〇〇八年過世，享嵩壽一〇二歲。）網頁上宣稱你可以用兩千七百五十英鎊買到「吸墨紙藝術的聖杯……頂尖的吸墨紙收藏品。有幸擁有霍夫曼吸墨紙的人不多。附贈霍夫曼教授信件影本，但別詢問上面說什麼，因為並非英文。」網頁說明的結尾警告那些想要找尋非法物品或轉化經驗的人：「這些紙片是藝術品，純粹的藝術品。目的是享受藝術，僅只於此。若有人暗指此商品是其他東西或有其他目的，而非僅是藝術品，皆為不實傳聞。」所以，沒錯，那絕對是毒品。

厲害又瘋狂：微縮景觀世界的訪客對著羅馬的景觀陷入沉思。

CHAPTER 6 世界上最大的模型鐵道

「如果有人跑進你家說他可以免費設置奔馳的萊諾火車……在你家裡繞著跑，那會是一列安靜的火車，到處發出噗——噗——的柔聲低語，或許噴出幾縷輕煙，就這樣跑個不停（或許你已經見過，就像模型火車店裡的展示品），你會對他說不，還是叫他放手去做，開始鋪設火車軌道？

（出自帕吉特・鮑威爾的《疑問語氣》）

在港口城市漢堡，突然出現了名為「微縮景觀世界」（Miniatur Wunderland）的新鄉鎮。這是世界上最大的模型鐵道，軌道長度將近一萬六千公尺。自從這裡於二〇〇〇年設置了最初一部分的鐵道，至今已經有超過一千五百萬人到此為其廣闊的鐵道場景發出驚歎。《權力遊戲》作者家喬治・馬丁和「我要打爆你的頭！」的拳擊手弗拉迪米爾・克利奇科，還有許多德國喜劇演員與政治家都曾到此一遊（他們的照片掛在入口的牆上）。

訪客來自世界各地，截至二〇一七年十月初，有十二萬九千四百四十四人人來自英國，八萬三千二百一十二人來自美國，五萬七千三百一十八人來自中國，五十九人來自布吉納法索。超過一百四十四萬一千零二人由什勒斯維希─霍爾斯坦邦來訪。有些訪客一遊再遊，在微縮景觀世界自在到簡稱之為「微景世」（MiWuLa）。

微縮景觀世界位在德國北部的漢堡，我猜對大多訪客來說並沒有非常重大的意義，但對我而言有。我的父親在這裡出生，祖父母也是。我的祖父母在一間俯瞰易北河的大飯店結婚，而易北河就從那模型鐵道所在的建築物正下方流過。易北河是這裡少數的古老事物之一，因為城裡許多部份都在戰中被同盟國破壞了，當時我父親是英國的準下士。於是，這座城市裡創建了原尺寸與微縮版的全新漢堡。但打造出微縮版的那些人野心勃勃，覺得他們的火車不該只在德國國內運行，所以他們的軌道場景繼續壯大，納入了奧地利、瑞士、斯堪地那維亞半島、義大利、美國部分區域。迷你德意志帝國每年都變得愈來愈大，只有火車已不足以實現他們的野心。為了抵達德國以外的地方，創辦人也興建了交通繁忙的航道與模型機場，小型飛機從金屬桿上起飛，經過塑膠簾幕後消失不見，而且當飛機在跑道上俯衝，會不時出現預先安排好的火災，然後可靠的迷你消防車再從消防局衝進來。微縮景觀世界的工作人員──總共大約有三百二十人──最終可能會打造出整個世界，加上圍繞著這個世界或穿梭其中的鐵軌。

所有認真的鐵道模型製作者都會告訴你，製作大型的小模型可不只是把小小模型放大這麼簡單，還有火車電壓供應、其他電力與燈光的特定問題。重量也需要考量，通風系統也是，同時要能夠確保單一問題不會讓整個展場短路。現場還必須有足夠的多元性，才不至於讓訪客覺得只看到一個又一個討厭的山口（早期有一項調查發現受鐵道本身吸引的多為男性，女性則更受景觀中激動人心的細節吸引。但無論用多誇張的戲劇性和多少驚嘆號包裝過，微縮景觀世界工作團隊遇到的後勤難題都既迷人又好笑（「整個系統在開幕前一晚，因為有人按錯開關而癱瘓！」；「火車跌下橋，墜落在迷你人群上！」）。微縮景觀世界的技術長約阿希姆．于爾斯簡明扼要地總結了在大舞台上打造小小事物的困難：「你不能只走進一間商店，說：『給我店裡所有東西，我正在興建世界上最大的模型鐵道！』」

但如果你真的決定興建世界上最大的模型鐵道，範圍涵蓋各國與各洲，那會是個怎樣的世界？

只要跟著真正的火車站指標走，經過聚集在易北愛樂廳的人群（由赫爾佐格與德梅隆建築事務所設計的嶄新閃亮音樂廳），你就會抵達倉庫城，正如你預期，在這什麼都能用最高級形容詞來修飾的區域，倉庫城也是世界上最大的倉庫區。再走一段路，會看到不起眼的門口，通往色彩單調的石階，往上走三層樓，就帶你進入通往迷你鐵道的平凡入口。這裡的天花板低矮且缺乏遮蔽，燈光不討喜，路標不完善，禮品店風格俗艷：你馬上就明白，這裡是工程與勤奮努力的地盤，不屬於藝術或新潮事物。這裡是模型愛好者的巨大閣樓，雖然規模不只大了一點，而是擴張到好幾層樓、數個國家和洲陸。這裡大受歡迎。我看著我在裡面拍的照片，其中最明顯的一點是：人們屏氣凝神向下凝視，想看得更仔細。

微縮景觀世界出自費德里克·布勞恩的遠見。二〇〇〇年七月，三十二歲的布勞恩和朋友在蘇黎世逛街，漫無目的地走進一間賣模型鐵道的商店。他當時正在漢堡經營一間成功的夜店「Voilà」，但經過十年，開始對夜生活感到厭倦。店裡的模型鐵道讓他想起自己小時候也擁有不大的鐵道場景，還有以前和雙胞胎兄弟葛瑞特懷著野心希望未來某天可以在他們連棟房屋的共通地下室進行大規模展示。他說，就在那個時候，他忽然想到打造世界最大模型鐵道的點子。他打給人在漢堡的葛瑞特，請他上網確認世界最大的模型鐵道需要達到多大的規模。葛瑞特覺得他瘋了。

經過四次通話，葛瑞特改變心意，他們的生意夥伴史蒂芬·赫茲也是。不久，他們就贏得了銀行和當地商業社群的信賴，並找到地點——一間過去用來儲存咖啡的倉庫。他們要建「HO」比例的鐵道（大約一比八十七，鐵軌之間的距離為八分之五英寸，這是桌上型鐵道於一九五〇年代在德國開始普及以來就使用的標準尺寸）。他們經過計算得知需要一百五十萬歐元才能在二〇〇一年八月開辦付費展覽，若聘用十五位員工、每天有三百位訪客，可以打平收支。他們租了一千六百平方公尺的場地，計畫在完成頭二百五十平方公尺時開幕。一則廣告刊登在報紙《畫報》和《漢堡晚報》，徵求模型製作者。

總共有一百五十人來應徵，布勞恩兄弟舉辦了徵選會，在他們夜店舞池的地板上放了木材和石膏。他們看重想像力與幽默感的程度，與看重實作經驗的程度相當。受雇帶領工程的模型製作者葛哈・道舍爾回想他盼望招到生活中不只有模型的人。「對於人類的欲望與抱負、休憩與狩獵、愛與恨持開放的心胸——這一切都對映照真人與真實生活的模型地景不可或缺。」他也想找擁有堅定美感的人，他相信「唯有如此才能建造出吸引人攀爬的峭壁，或創造讓人想在上面休息的草地。或者就像我總說的：『只有當你在目光所及之處能看見自己，才算了解模型製作。』」

他們雇用了二十人，先從德國開始製作。剛開始不是真正的德國（開幕一年之後，才出現精確描繪漢堡的場景），而是結合了「中德國」和虛構的「可努芬根」（Knuffingen）的地方。大約兩百列火車穿越或繞著風景運行，周遭是山脈、有著甘藍、向日葵和牛的田野、城堡、有著大型摩天輪的露天遊樂場、演出《羅密歐與茱麗葉》的劇院、一個迷你高爾夫球場。景色當中藏有一些玩笑，訪客可能以為自己是第一個發現這些小小細節的人：一對情侶在向日葵花田中親熱、一架飛碟在山上飛、一輛Google街景車、搖滾樂演唱會上的藍色流動廁所。法樂汽車模型為可努芬根一千公尺的鐵軌增添了光采，包含在電腦化的路網中，四百輛車沿著道路下安裝的一條細線，透過充電電池用磁力推進。車子與車上的迷你駕駛者輕輕穿越城市，前往公司或商店；警察逮住了飛速行駛的摩托車手；除了服務急難的交通工具之外，每一輛車都在轉彎和號誌改變時打方向燈。紅外線訊號和電腦引導系統的結合，確保行車路線不必預做決定，而是根據其他車的位置獨立計算；因此可以避免塞車的發生，除非塞車是故意設計的。路網的每一個部分都像鐵路網一樣令人驚艷，可以行駛超過一英里，而過去十五年消防車已朝七十八萬起事故奔馳而去。

到了參訪的尾聲，我還無法決定微縮景觀世界到底是驚為天人還是瘋狂得驚人，但當然兩者皆是。這個微縮世界肯定已帶給數百萬人無比的樂趣，並促進漢堡的經濟發展。這個地方一直名列歐洲永久觀光景點的前十名，排在倫敦的大英博物館和杜莎夫人蠟像館之後，領先烏菲茲美術館和龐畢度中心。但我對瘋狂無度的擴張感到不安，他們花費數十萬個小時在擴建看似毫無意義的東西。難道我們自己的世界已登峰造極，我們沒事可做，只能消化現有世界並加以複製？

在布勞恩兄弟的許多訪談（和所寫的文章）中，他們從未替這偉大模型提出超越其龐大規模的了不起哲學，或解釋他們自己的野心與熱情。對他們來說，透過仔細觀察，微縮品帶來喜樂與洞見——只是對著那該死的東西驚歎，並感到快樂——就別管什麼哲學家了。

但現在的微縮景觀世界可不只是個人野心或娛樂消遣：它本身已成為一個產業、龐大的商業算計。到二〇一六年，為了把模型擴張到七千平方公尺已經花了大約兩千萬歐元，而且這冒險之舉利潤可觀。超過一百萬人到訪，每次付十到十三歐元，而且販賣部——書籍、模型、DVD——有長長的隊伍等待結帳；他們甚至推出了微縮景觀世界的地產大亨遊戲，裡面用巴伐利亞的新天鵝堡來取代派克巷。事實上，這裡的禮品店透露此地有個簡單的哲學：逃離的哲學。從高處觀看這個世界，創造出一種可能性無限的感受。「你在上頭，可以成為任何你想成為的人。」葛瑞特．布勞恩宣布，彷彿在試鏡一齣百老匯音樂劇。但長達十英里的樂觀消遣足夠嗎？在像漢堡這樣乘載了漫長歷史的城市，盼望更有意義的東西錯了嗎？

鐵道一直都能將世界微縮化。一八三〇年，最早的城際鐵路開通，乘車行駛於軌道上的人們相信他們將能加倍利用生活。他們的旅程——起初在利物浦和曼徹斯特之間，但沒過多久就可以往返於任何希望跟上時代的地點——時間減少了一半以上。當一切都移動得更快，世界看似縮小了。但一世紀以後，人們可以選擇更有隱私也看似更方便的交通方式，而且鐵路網縮減開支，於是火車漸漸也承接了另一種責任：成了慢車、區間車與被冷落的車。當然還有蒸汽火車，模型愛好者最熱烈歌頌的正是這種火車——火車的概念，被理想化的火車。鐵道的陳設經常描繪出一種世界的狀態，那時描繪者的心靈狀態還未開始懷舊。

所以，或許微縮景觀世界的政治就在模型本身：只有從模型當中，才能找出對那些一公尺又一公尺重建世界的年輕德國人而言，什麼是重要的。對多數訪客來說，火車本身——大約有一千列火車、一萬個車廂——一直都是配角，火車穿梭其中的迷你風景才是主角（截至二〇一六年秋天，整座模型中有大約二十六萬個小人偶，每年都被偷走大約三千五百個；在老闆口中損失更加慘重，他們說這些小人偶被「綁架了」）。但這裡紀念的是怎樣的世界？舉例來說，二〇〇三年開幕的「美國」裡，拉斯維加斯占據了中央舞台。上面安裝了超過三萬顆ＬＥＤ燈，每當建築內燈光調暗（每十五分鐘發生一次），就成為整座模型中最亮的地方。創始人解釋，他們選擇拉斯維加斯，而非紐約或好萊塢，是因為有賭場，而且可以把世界縮小兩次。許多在拉斯維加斯被縮小的城市也出現在漢堡——路克索飯店和裡面的金字塔、紐約紐約飯店和裡面的自由女神像、巴黎飯店和裡面的艾菲爾鐵塔

——微縮品的微縮品，已知世界的一半集中在波羅的海邊緣有著低矮天花板的倉庫中一個角落。

除了廣闊的拉斯維加斯，美國的其他區域完全翻轉了尺寸。「真正的大峽谷長四百五十公里，經過數百萬年才成形。」漢堡的導遊解釋：「微縮景觀世界的大峽谷沒那麼長，而且沒有花幾百萬年發展。但它卻給建造者帶來很大的挑戰……」幾英尺之外，西礁島讓位給卡納維爾角，卡納維爾角位在拉什莫爾山東邊，拉什莫爾山又坐落在離優勝美地非常近的地方。那附近散落著海洋世界的表演、運作中的油井、火車站的槍戰、巨大的紅木和一列電動的美國國鐵滑行穿過大沼澤地國家公園——極其壓縮的冒險旅程。只有鐵石心腸的人才會抱怨這些地理位置不精確——這是娛樂，不是學校——不過，我還是要說：有沒有搞錯，連接漢堡和美國的「景觀世界歐洲隧道」?

最近剛加入微型威尼斯的義大利，目前已建造了四年。這裡有西班牙階梯、羅馬競技場、小聖彼得大教堂加上小教宗，還有許多可愛的當地特色，例如故意做得特大的一堆義大利麵和在建築工地做壞事的黑手黨成員。火車沒被遺忘（羅馬有個巨大的多月台火車總站），但維蘇威火山無疑特別有吸引力，這座火山由樹脂和火山岩建成，在電腦控制下定時爆發，淹沒底下的龐貝城（令人忍不住說：「龐貝的人啊！你們難道沒有從十五分鐘前才發生過的事情學到任何教訓嗎？快逃命啊！」）設計師無法決定要建造火山爆發前夕熱鬧的龐貝，還是如今有考古學家和觀光客在場的龐貝，所以他們建了兩個，然後發現一個共通點：涼鞋。

二〇〇九年八月，政治直接進入了微縮景觀世界。這裡的老闆邀請了德國六個政黨來設計自己的烏托邦，並分別給他們一平方公尺，展示他們認為在未來對國家（大概也包括他們的潛在選民）最重要的東西——也就是用一比八十七的比例展現的政黨宣言。《明鏡》週刊於大選前一個月前評估結果，發現各政黨都表現出他們的典型角色，而且多數都很有幽默感。極端愛國主義的基督教社會聯盟把柏林的菩提樹下大街改造為現代版的慕尼黑啤酒節，商人身穿皮褲用筆記型電腦工作；左派黨選擇舉辦反歧視集會；自由民主黨呈現一場同志婚姻；綠黨設計了由太陽能和風力機形成的鄉村風景；而梅克爾的基督教民主聯盟畫了九千個小小的人組成的德國國旗。這個實驗於二〇一三年再重複了一次，這一次政黨們開始用拙劣的方式自我模仿。基督教民主聯盟呈現一位黑人警察在歐盟旗幟陰影籠罩的馬路上護送小孩和老人；代表社會民主黨的人物正在建造一座跨越「教育」與「機會平等」陣營的橋；自由民主黨呈現同志家長排隊捐血。微縮景觀世界以這種方式表達了自己的宣言，在那值得尊敬又稍嫌噁心的幻想中，火車永遠準時抵達每一個公平的政治世界。我們心中的惡魔可能會違反高尚的判斷，希望有一隻泰瑞·吉連[1]風格的大腳從天而降，摧毀一切。

在微縮景觀世界的平行現實中，未來一片光明，看起來毫不打算順應日趨恐怖的世界。他們計畫下一步要興建法國，以及連結法國與英國的隧道，意思是要同時增加艾菲爾鐵塔和大笨鐘——這是個常見的模式，也就是最引人注意的最大事物持續啟發最引人注意的最小事物。他們也計畫建造非洲和亞洲，在那之後當然是南極（包含南極寒冷的中央車站——想不到吧！）他們已經取得許可，可以在二〇二八年前擴張一萬平方公尺，使火車軌道延長為十二點五英里。布勞恩兄弟在漢堡創造的這個觀光景點就像是全世界的紀念品目錄。這裡面有各式各樣的刻板印象，細節繁複，複雜性則被排除了：只要你不相信這個地方存在，也不把它看得太認真，這就是個很棒的地方。但這造成此地與世界上其他模型鐵道之間的嚴重分歧，其他模型鐵道把自己看得很認真。

洛·史都華爵士於二〇一三年九月到微縮景觀世界參觀時，他的火車已經出櫃了。也

1 執導過《神鬼剋星》等多部奇幻冒險鉅片的美裔英籍導演。

就是說，他向全世界招認自己的嗜好，而且他後來承認，這樣自白並不總是容易。鐵道模型玩家太常被視為邊緣人或獨行俠、不太正常的人。史都華自一九七〇年代中期逃稅後就住在美國，他說美國對模型製作者的接受度稍微高一點，很多歌迷把他的嗜好視為可愛的英式怪癖。史都華有個新的火辣模特兒（model，亦有模型之意），而且竟然不是金髮尤物；他最愛的單曲（track，亦有軌道之意）不是音樂；這種雙關笑話可以一直講下去。

當唱片銷量上億、擁有超過三十首英國排行前十單曲的史都華於二〇一一年在CNN和持懷疑態度的主持人皮爾斯．摩根談起他對火車模型的熱愛，兩個人彷彿在講不同的語言。摩根先提到他的火車組，史都華的回應彷彿對方剛剛侮辱了他的妻子。「火車組？」史都華重複。他的鐵道涵蓋一千五百平方英尺的面積。

「火車帶給你什麼？」摩根問。

「老兄，這就像任何其他嗜好，反正就是很棒。我的壓力從來不大，但只要稍微有點壓力，我就想：『管他的，我要到樓上去』，然後在那裡待上幾個小時。我會徵詢潘妮的同意：『我可以消失，待在三樓什麼都不做，專心在我的嗜好上嗎？』」

「你的模型和這個房間一樣大嗎？」摩根在他位於比佛利山莊的豪宅一樓圖書室裡問道（攝政時期家具、前拉斐爾派繪畫、塞爾提克足球俱樂部圍巾）。

「長度和這棟房子相當。」史都華說。

「你有多少火車？」

史都華轉頭去看製作人，「觀眾還在看嗎？」他朗聲懷疑道。「這不是火車的問題。」他耐心解釋：「這是比例與細節的問題。我的鐵道以一九四〇年代的紐約中央鐵路和賓州鐵路為基礎。老兄，我愛它，真的，我走到哪裡都帶著。」（史都華經常於巡迴時帶著裝了火車和軌道的巨大箱子，在旅館套房組裝鐵道。）

「你喜歡當司機還是站長？」摩根繼續問道，彷彿那是性行為的暗號。

「別笑我，我可沒戴著小帽子。這是令人愉悅的嗜好——就像閱讀一本書或畫畫，只不過是立體的。你知道的，就是很美好。」這是你可以為一種嗜好所提出最堅定的辯護了：史都華確認了，這是純粹而簡單的愛，沒能獲得這種愛是你的損失。

史都華在二〇〇七年的美國《模型鐵路玩家》雜誌上公開出櫃。這位歌手害羞地發起這篇專題報導，他寫信給發行人泰瑞．湯普森，「我成為模型鐵路玩家已經二十年，當你們雜誌忠實讀者的時間更長。我覺得你們可能有興趣刊登我的鐵道模型照片。」雜誌社看到他的照片之後十分驚豔，工作人員近距離看見他的鐵道後更大感驚喜。

「名人堂搖滾歌手在演唱會後靠組裝和從頭製作模型放鬆。」他們在新聞稿中興高采烈地解釋，彷彿連他們自己都難以置信。他的模型有二十三英尺寬、一百二十四英尺長，名為「格蘭街與三河鐵路」。史都華的鐵道和微縮景觀世界一樣是一比八十七的HO比例，有超過一百個構造，有些高於五英尺。模型中也有街道、汽車、廣告看板、人、樹，還有許多火車。在交通繁忙的時段，有十三個火車頭同時運作。他極其信賴Digitrax數位訊號控制系統。「我很同情沒有這類嗜好的人——這真是最頂級的消遣。」史都華這樣告訴雜誌讀者，但他們或許是世界上唯一不需要聽到這些話的人。

在很短的時間內，模型鐵道就成了新的搖滾樂。史都華出櫃之後，其他人也都

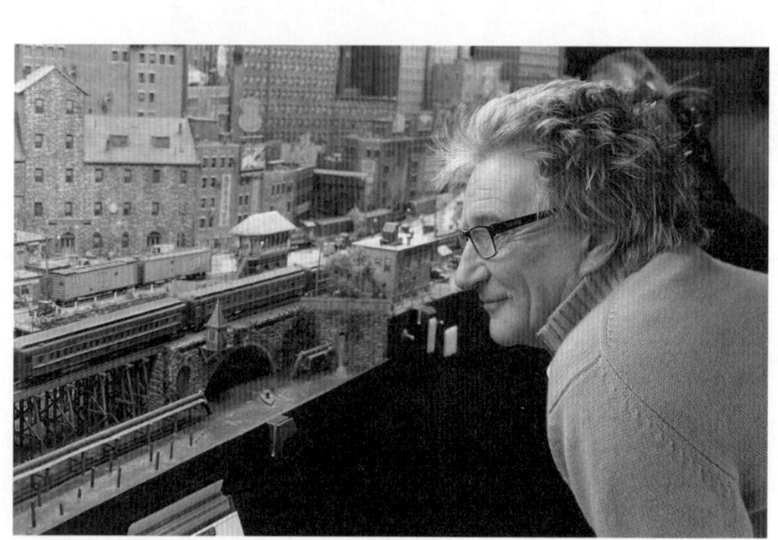

「我可沒戴著小帽子。」：洛・史都華在比佛利山莊享受著他的鐵道。

出櫃了。羅傑．達崔的閣樓裡有一組有點年代的漂亮鐵道模型，頑童合唱團已故的戴維．瓊斯也是。但沒有人比尼爾．楊更愛上了色的瓦斯儲氣槽或解聯轉向架了。楊和小火車之間的連結始於四歲，當時他的爸爸在他們位於安大略的家裡裝設了馬克思（Marx）聖塔菲柴油火車。幾年後，他的野心更大了，而且得知該擁有的不是馬克思火車，而是鐵道迷最愛的萊諾（Lionel）火車。他在十多歲時得到了第一台萊諾火車頭，並在地下室建好了他的第一組單軌鐵道。他告訴《經典玩具火車》雜誌，就算經常遇到水災，偶爾遭到電擊，他的火車依然堅持前進。

萊諾實業公司創立於一九〇二年。約書亞．萊諾．考恩是來自東歐的紐約猶太移民之子，有八個手足，在親手試過其他發明專利——時髦的新式手電筒、可攜式電風扇——之後，開始考慮他在商店櫥窗看過、繞著圓形軌道跑的馬口鐵火車。這些火車大概源自德國，由馬克林公司或其競爭對手賓公司製造。（德國的玩具產業自十四世紀末就以紐倫堡為中心，稱霸早期的火車模型世界——起初是發條模型，接著是原始的電子模型；一直稱霸到第一次世界大戰為止。然而，根據記載，最早的模型鐵道卻不是來自德國，而是法國，由拿破崙三世為他三歲的兒子皇太子裝設，或至少由他出錢。一張一八五九年的照片顯示有一列發條火車在聖克盧的私人公園繞著8字形的高架橋運行。）

考恩盡可能重現他從德國人身上學到的東西，並抓住了兩個機會。他特地把握聖誕節行銷他的萊諾火車，也改進了推進系統——他推廣一種複雜的方法，透過變壓器讓火車使用正在迅速發展的都市供電系統：「哪有清醒的真人男孩對電力不感興趣？」他想。「有什麼比完美的模型更適合擔任教師嗎？」（萊諾火車的電力由一條中央第三軌供電，其他製造業者現在大多已放棄這種十分普及的系統。）考恩也理解到，他最初賣出的產品還可以再增添其他火車、軌道、橋梁，建造出「設備齊全的迷你道路」。於是，物質欲望就這麼植入了美國年輕男性社會的腦中。

火車和入門軌道只是通往正式鐵道的第一步，而正式鐵道則能保證長期的品牌忠誠度，帶來豐富利潤。軌距的選項太多了（起初有不同的德國產品，後來又有萊諾最早的美國敵手艾夫斯〔Ives〕和英國競爭者，例如宏比〔Hornby〕和巴賽特–洛克〔Bassett-Lowke〕的產品），想要混搭會很麻煩，甚至根本不可能。萊諾還走得更遠。當看到一幅迷你看板上寫著「哇，是萊諾火車！」易受影響的年輕人就會把看板放在軌道旁——這是絕不令人後悔消費的聰明手法，也或許是在購入產品中進行置入性行銷的最早案例。但當萊諾的豪華彩色目錄上展示著有磁力牽引、喇叭、車頭燈、冒煙裝置的德州二節特殊柴油火車，以及同樣也有磁力牽引、喇叭、車頭燈、冒煙裝置的柴油火車聖塔菲二〇三五，該選哪一個才好呢？

尼爾．楊選了——或有人給了他——聖塔菲二〇三五。他說他玩那列火車很多年，才負擔得起其他火車（那是又大又重的馬口鐵機械裝置，跑在相隔三英寸的寬鐵道組上）。數年之後，當他能夠買下所有想要的萊諾火車，他更進一步買了那家公司的股份。他繼續發展他的控制裝置，將很高的期待放在一種數位裝置上，它可以在列車高速經過時精準重現火車的聲音。他也發展出一個模型玩家分身，用筆名克萊德．寇爾撰寫關於萊諾火車的線上問答專欄。例如，當你遇到經典的電壓與油門難題，提出類似這樣的問題：「我真的需要用十八伏特的電壓，才跑得動列車長指令控制嗎？」克萊德／尼爾可以輕鬆解決這些問題。「絕對不需要！其實，你想用多高的電壓來跑列車長指令控制都可以。較低的電壓可以增進低速控制，但確實會降低最高速度。動力依然從LCRU傳到火車頭的馬達，但在好比說十五伏特下，你在低速時可以控制得更好。這是保留和使用老式ZW作為動力來源的好理由，尤其是在院子裡。」這些話似乎出自那位寫下搖滾金曲〈金心〉與〈收穫〉的男人。

尼爾．楊在二〇一二年的自傳《發動激烈和平》當中做了和洛．史都華一樣的事，向世人說明了自己的熱情所在。他在這麼做之前可能有所猶豫：他之前曾勉強向樂團成員出櫃，那經驗讓他懷疑是否該把這份迷戀留在自己的穀倉裡就好。大衛．克羅斯比和葛瑞翰．納許都曾造訪他的工作室。有一次在錄音中間的空檔，尼爾．楊看到克羅斯比看著放滿軌道車輛的一間火車房，向納許使了個眼色，像是在說：「這傢伙是個傻子。他瘋了，看看他迷成什麼樣子。」尼爾．楊說他不在乎。他寫道，他需要他神聖的嗜好。「對我來說，這是回歸之路。」

對於生活中總是大肆發聲的人來說，人生中有小火車跑來跑去為什麼這麼有魅力？搖滾巨星似乎都受同樣三件事吸引，讓眾多成年男性每年總共花費高達五億元在這項消遣上。首先是完全控制自己所選環境的欲望（洛．史都華統治了他一九四〇年代的童年地景；漢堡的布勞恩兄弟最終控制了整個世界）。還有進入一個自己創造的地景以逃離現實世界幾小時或幾天的欲望。再來是嘗試重新捕捉或重新詮釋童年，無論多麼徒勞。

尼爾．楊在回憶錄中透露，現在他玩火車部分為了自己，部分為了先天癱瘓的兒子班。「一起蓋鐵道是我們最快樂的時光之一。」尼爾．楊裝了一個有大大紅色按鈕的控制器，以配合班有限的活動性，看到自己的動作帶來結果能為他賦權。但此效果對這位父親也有療癒的作用。他不是用商店買來的橋梁和布景建造他的鐵道，而是使用大自然的素材——

當地紅木的樹椿和散布各處的蘚苔。在他的想像中，「這條鐵路曾遭遇許多艱難時刻，接著發生了一場旱災，由勤奮的中國勞工團隊完成的軌道工程一直被靜靜留在原地。」尼爾·楊解釋，陳列鐵道為他創造了禪定般的體驗。「讓我可以篩掉混亂、歌曲、人們、還有成長過程中遺留下來至今縈繞心頭的感受。並不是以壞的方式，但也不全然是好的方式。」

朗·荷蘭德寫過萊諾火車充滿意義的歷史，他相信這間公司——延伸到所有模型火車——在行銷時被形塑為對抗變化無常的成年生活的手段。「無論是將骯髒的火車頭工程吹捧為美國英雄，或把『送電動火車當禮物』和父愛劃上等號，萊諾都為複雜的社會問題提供了有意思的簡單解答。」荷蘭德描述萊諾的創辦人約書亞·萊諾·考恩與完美父親相差甚遠，經常欺凌兒子或長時間忽略他。荷蘭德寫道，「考恩承諾我們只要玩他的火車，事情就會朝某種方向發展，但結果並非如此。對我們和他皆然。」現代收藏家可能也好不到哪裡去——他們是典型的嬰兒潮世代，小時候錯過了最棒的萊諾引擎，或現在後悔賣掉了收藏品。「萊諾曾經承諾帶來圓滿的童年。現在則掌握了一種比永生更好的可能性——讓你以為可以重新來過。」

荷蘭德推論，成年人打開一盒新火車時，就和我們八歲第一次做這件事一樣，那時我們的靈魂嶄新而完好無缺。未來絕對有許多悲傷的事等著我們。但有另一種比較樂觀的詮釋，在這種詮釋中，模型鐵道再次扮演了一種角色，是我們遊歷其他許多微縮世界之後已愈來愈熟悉的。就像娃娃屋和模型村，模型鐵道讓我們用更敏銳的眼光重新檢視熟悉的物體，也理解更多事情。對尼爾．楊來說，他肯定在狹窄鐵軌中找到了內在惡魔的倒影：模型鐵道藏著個人的盼望，有時候還有救贖。事情未必總是以平靜直接的方式前進——危險的彎道、脫軌、旁觀者的嘲弄——可能反映出模型鐵道多麼接近現實生活，這通常符合模型製作者的意圖，卻是模型擁有者盡全力避免的。

同場加映

一九九二年，耶路撒冷聖殿

一九九二年八月，德國小說家瑟巴爾特回憶起一趟他去傳奇的東盎格利亞平原地區的旅程。和這位作家多數的旅行一樣，他覺得大部分地方都荒蕪淒涼，與他憂鬱的靈魂相符。瑟巴爾特——或是書中的敘事者，他刻意模糊了兩者的區別——在他漫無目的而令人陶醉的著作《土星環》中回想這趟冒險，行文聚焦在尺寸與觀看的角度，並從又高又遠的角度去看廢墟的建築。

該書中瑟巴爾特最愛的兩個視角是：一、在廣闊地景中的孤獨人物，以及，二、目光銳利的空中飛人凝視著下方的小小場景。他也很愛一個古怪的微縮品，並講了一個關於可食用模型的故事，那座描繪一五四三年奧圖曼圍攻厄斯特貢的模型「由威尼斯宮廷的甜點師傅製作，據說特蕾莎女王在一次憂鬱復發時吞下了那座模型。」吃下一座戰場的模型——還有什麼比這更悲傷的例子，可以顯示人類有多麼萬能？

旅程接近尾聲時，瑟巴爾特來到薩福克一處他稱之為栗樹農場的地方，這是一幢護城河圍繞的古老房子，他在此遇到了一位叫湯瑪斯・亞伯拉姆斯的農夫。亞伯拉姆斯是個模型玩家，而且是非常癡迷的那種；讀到現在，你可以合理懷疑，這世界上還有其他種類的模型玩家嗎？他在穀倉裡用陶土和木材建造耶路撒冷聖殿（又名希律聖殿、第二聖殿、第三聖殿、猶太人聖殿、所羅門聖殿，或只稱聖殿）。他已經製作這個模型很長一段時間了，超過二十年。不下田的時候，他就照料可隨意擴增的牆壁和可接待螞蟻的前廳，還有數千個迷你人偶，它們的衣裝有點粗糙，擺設的意圖也不太清楚——但如果你只有四分之三英寸高，難道不會也變成這樣嗎？

亞伯拉姆斯有個問題是他一直極細微地變動他的模型計畫。每個月都有自以為什麼都懂的人發現一些證據，證明聖殿某根柱子或中庭的實際高度為何，於是鄰近前廳的高度又變得不確定了。這足以讓亞伯拉姆斯陷入絕望。有一位美國傳教士曾經來訪（有幾位傳教士來過，極端正統派猶太教和耶和華見證人會也來過），問亞伯拉姆斯是不是因神的干預而受到啟發。答案揭曉——哎呀，不是，「我對他說，如果有神的干預，我何必在這過程中不斷進行調整呢？」

這座模型的比例為一比一百，尺寸大約是十二英尺乘二十英尺。瑟巴爾特過去就曾來訪，他表示自己很難看出這座模型經過一年有什麼進展。不過，出現了一個新典故。當亞伯拉姆斯給他看聖殿位址的最新鳥瞰圖，瑟巴爾特注意到閃亮的圓頂清真寺與薩福克沿岸的塞斯韋爾B核反應爐非常相像。而且，關於他的這位朋友神智是否清醒，有個最新的好消息。亞伯拉姆斯的家人和鄰居經過多年，開始對他的心理健康狀態產生疑慮，還有，用瑟巴爾特殘忍的用語來講，花時間待在沒有暖氣的穀倉裡，在幻想世界中愈陷愈深，「為這麼一個看來沒有終點又漫無目的的計畫瞎攪和」，搞到沒時間和鄰居一樣向歐盟申請農場補助金或許有點癡迷過頭了。但後來有一天，羅斯柴爾德勳爵開著非常名貴的車子前來，邀請他把整座模型置於自家豪宅中庭，大家開始對整個計畫及這位製作者稍稍尊重了起來。後來，又有一位訪客出現在穀倉，提議如果亞伯拉姆斯願意考慮建造一座真實尺寸的模型——也就是真正的耶路撒冷聖殿——那就太棒了，預定地在內華達州沙漠區，距離拉斯維加不遠處，它將成為罪人之州的品德明燈，結果他的親友對這個計畫的評價又下降了一點。

「大家認為我的模型是史上最精準的聖殿複製品。」亞伯拉姆斯斷定，這是種宣言，因為在他的壯舉之前，已經有一些了不起的先例。對模型迷來說，重建聖殿一向是他們的聖杯。早在聖殿還存在的時候，它就已經是想像力造就的重大象徵，兩千年以後仍繼續背負著重到足以煽動國際戰爭的歷史宗教包袱。「這已經成為人類尋找失落理想最強大的符號了。」古典史學家古希爾寫道：「我們需要為這棟世界上的偉大建築發展出一種特殊的考古學，這種考古學挖掘的比較不是岩石與塵土，而是一層又一層沉積下來的人類幻想、政治與渴望。」幻想與渴望一向吸引微縮創作者，因為這是艱難的終身挑戰與執迷探求。整個過程中，他的家人都快要抓狂，而且他可能根本活不到成品完成的那一天。

不過，我們最終將學到一課。事實上，過去有三座聖殿。第一座所羅門聖殿的確切年代不明，但我們可以確定它是在西元前五八七年被巴比倫人摧毀。到了西元前五一五年，所羅巴伯重建聖殿，然後它又於西元前一六七年在安條克四世的命令下再次遭到褻瀆。西元前一九年，希律王建造了第三座聖殿，然後在西元七〇年再次——也終於——被羅馬人摧毀。多數模型玩家在重建微縮聖殿時專注在第一座和第三座聖殿，雖然第三座聖殿經常被稱為第二聖殿。到這裡就出現一個問題了：如果聖殿的序列本身都這麼混淆，怎麼能期待聖殿模型可以被精確地重建出來呢？

現今最早的模型根據希伯來聖經和《塔木德》的描述建造，再加上西元一世紀古典學學者約瑟夫斯的描述。最大型又大膽的所羅門第一聖殿是在一六二八年，由荷蘭拉比雅各·猶大·里昂以木頭建造，規模堪比亞伯拉姆斯在薩福克穀倉的模型。這個作品在阿姆斯特丹展出時給人留下深刻印象，於是有人寫信將這位創作者推薦給克里斯多佛·雷恩爵士；這座模型出現在倫敦時，早期共濟會迅速採納作為第一個分會的建築靈感來源，這時候他已以猶大·里昂·坦普洛這個名字為人廣知。

葛哈・肖特於一九六二年建造了更大的木製模型，起初是為了在漢堡的一齣歌劇中使用（現在仍可能在漢堡歷史博物館基金會見到這座模型，雖然……哎呀，沒辦法在微縮景觀世界裡看到它）。它有十三英尺高、周長八十英尺，也被運往倫敦展示給渴望見之一面的群眾觀賞，喬治一世、很可能還包括牛頓都在乾草市場的歌劇院欣賞過它（牛頓為它寫了一篇搭配插圖的長篇論文）。宣傳中強調這座模型含有大量金銀珠寶，共六千七百根柱子和一千五百個廳室：「如此完整傑作……在整個宇宙中找不到任何類似的東西。」但競爭對手確實不少。神學家兼數學家威廉・惠斯頓過去在柯芬園的巴頓咖啡館定期演講，他在一七三〇年宣布建造聖殿模型，以比美肖特的模型。一位評論家在見過兩座模型後勃然大怒：這兩位模型製作者怎麼可以一點共識都沒有？

其中最大的模型以土黃色的崎嶇外觀展現對將近兩千年前、希律聖殿時代耶路撒冷的想像，整體大小等同於一座模型村。考古學家麥可・阿維—約拿在一九六〇年代以一比五十的比例建了這個模型，選擇了可能是希律王時代使用的材料：岩石、大理石、木材、鐵、銅。它現在在以色列博物館中占據了將近一千平方公尺的面積，就位在它所描繪的舊城西邊，不過以前存放在市裡另一區的聖地飯店裡，二〇〇六年搬遷模型時必須把它鋸成一百塊。一本手冊針對模型中費盡心思的細節提供了充滿美言的導覽：「北邊是屠宰場，有大理石桌、桿子、掛鉤……繼續沿著牆走，你會經過俄斐勒區。據《塔木德》記載，俄菲勒區非常之高，從頂端往下看，『手持長矛的阿拉伯人就像一隻亞麻夜蛾』。」比例中的比例。訪客禁止走在模型上或模型裡，只能繞著模型走，圍牆高及他們的膝蓋。

雖然湯瑪斯．亞伯拉姆斯這個名字聽起來很有《聖經》的味道，但並非他的真名。瑟巴爾特取了這個假名來保護他的朋友，避免變成紀實報導。他的真名是亞歷克．加拉德，除了農夫和模型製作者，他也是衛理公會的在俗傳道者和野生動物畫家。他確實在薩福克居住和建造模型，而他在弗雷辛菲爾德占地五十英畝的護城河農場穀倉裡的模型，經過三十年的努力，在二〇一〇年他八十歲過世時已幾近完成。或許，就像那個法國家庭在客廳裡為艾菲爾鐵塔「進行最後修飾」，接近完成永遠都是最佳狀態。就算加拉德活得比瑪土撒拉[2]還長，他也未必欣然接受完工的時刻。完成一座大型模型不僅迎來別人的評價，也必須放棄控制——這兩種讓步在各行各業都甚少帶來助益。在微縮世界裡，完工也引領你步入恐怖虛空，再次進入不受歡迎的現實。

加拉德站在耶路撒冷聖殿模型旁合照時，十分勝任這個角色：稍稍嚴肅、在媒體場合

2《聖經》中記載最長壽的人。

尋找失落的理想：亞歷克．加拉德與他的耶路撒冷聖殿。

表現不自在、套頭毛衣下永遠繫著領帶。他從十幾歲開始製作飛機和船隻模型，當他的興趣轉向宗教，他製作了二十七乘五十五英寸的耶路撒冷會幕模型。到了建造巨大的希律聖殿時（其精確度仰賴口傳猶太律法米示拿當中的描述），他希望這座模型可以提供給學生和學者作為教育工具，而且若有需要，能證明堅毅投入的價值。他成功征服了——或幾乎征服了——神話與嚮往歷史之心的聖母峰，用的是十萬塊小小的陶土磚，製作出表達個人敬拜的巨作。

經過最後一次計算，加拉德的模型包含四千個陶土人偶，全都以手工燒陶繪製，有些另以衛生紙裝飾。每個人偶都被分配到一個特定角色。有些在祈禱、有些在以物易物、有些在屠宰、有些在刷洗、其他的在辯論、還有一些正點亮油燈。許多人偶只是在階梯和寬敞的大廳漫步，如同群眾比例尺。還有十六個以迷你娃娃構成的場景，描繪耶穌生前的景象，它們的創造者開心地宣稱「從來沒有人能找出所有的娃娃」。這些人偶描繪的場景分別代表漫長時間裡的不同時代，最遠回溯至埃及及夏巴堤司時期。但它們的位置成謎可不只是種室內遊戲：這說明了這種嗜好如此特定而嚴格的獨占性質，只有一個人——模型的創造者——可能知道所有的答案。在耶路撒冷王國裡扮演上帝：微縮創作者通常不追求那種自我膨脹，但如果事情就這樣發生了，他們也不會拒絕。

小小事物的女神：札哈・哈蒂在她倫敦的辦公室。

CHAPTER 7 未來曾是美麗的

願景

未來曾是美麗的。
還記得在市政廳公開展出的
那波薩木盛開的城鎮？
線圈素描本、藝術家的模仿、煙燻玻璃和鋼管的藍圖
桌遊郊區、交通模式
就像露天遊樂場設施或辦公室玩具
夢境般的城市，被光線投射出來。
像我們這樣的人在廢瓶回收箱前

英國詩人西蒙·阿米蒂奇

就在自行車道旁，
或遛狗走過受到悉心照料的狹長毛絨草地，
或模型司機開著電動車回家。

或在深夜秀之後——漫步在大道上。
它們就是那些計畫，
由建築師俐落的左手寫下
——真實而清晰的字跡。

我把未來拉出北風
在垃圾掩埋，蓋上今天的日期章，
和其他類似的未來一起乘著風，
那些未來都已喪失生命，澈底滅絕。

——出自《暴龍大戰燈芯絨小子》，二〇〇六很想蓋一棟自己的義大利別墅嗎？為了開始，你需要三把刀。第一把的刀刃要長，刀口筆直。第二把需要尖頭來裝飾建築。三號一定要有弧形邊緣來刻劃所有圓弧的細節。你也需要一把丁字尺和可以黏貼及撫平的壓平器、山毛櫸或梨木製成的砧板，最後是一張米色的「蠟筆畫紙」——質感堅實不硬，沒有那麼容易吸水，所以不會吸收太多漿糊，且能輕易染色，製成磚塊。

這份清單出自理查森一八五九年的《紙製建築模型的藝術》這本開闢新局的書。理查森在柴郡經營成功的建築師事務所時，注意到在一件他主張能夠影響人生成敗之事上面，許多學生需要特殊指導，那就是：模型製作。他宣稱只要擁有耐心與正確的工具，任何人都能掌握模型製作的技能。他提供許多訣竅與說明，包括針對牆壁或屋頂的理想強度與硬度提出建議：「一層、兩層、三層，以此類推。」

理查森描述實際打造迷你別墅的過程（「學生必須仔細畫出這棟建築物的全高立面圖，從地平線到砌磚構造的頂端」），往下持續了五十頁，儘管他不保證製作這座模型可以讓你變成建築師，但掌握他的複雜建議需要高度努力，說明如果你不是真心想成為建築師，就無法成為建築師。

在此表揚，理查森也坦承模型造成的問題可能和解決的問題一樣多，世界上最著名的古典建築微縮品就是這樣——克里斯多佛·雷恩爵士的聖保羅大教堂「大模型」（Great Model）。這座模型用橡木、椴木、石膏製成，上了岩石與鉛的顏色，再加上鍍金細節，要價六百英鎊。是的，只是模型而已——在十七世紀，這個價格可以在肯辛頓買到原尺寸的宮殿了。製作這座模型費時超過兩千個小時，而且在一六七四年八月就已準備好開放參觀，那時距離教堂舉辦第一次禮拜還有二十三年。模型的比例為一比二十五，高四公尺、長六公尺，十分巨大（雖然不太符合查理二世原本提議的尺寸，他想要一座可以漫步其中的模型；後來勉強接受從裡面觀賞高度及胸的模型，還有高過頭的穹頂和點點燈火照亮袖廊側面）。「大模型」這個名稱使它與過往模型有所區別，至今我們仍能在它所描繪的地點見到本尊，不過製作者並非雷恩，而是他的木匠威廉·克利爾，穹頂則由國王技藝不凡的泥水匠約翰·葛洛夫製作，而柱子和裝飾品——天使像、雕像、花環——則出自克利爾的兄弟理查之手。其細緻程度恰恰符合皇室提出的明確要求（「為執行整個作品所提供的永久而不可變更的規則及指示」），而雷恩認為它細節優美，且精采實現了他最好的作品。

據說雷恩在模型遭到拒絕時哭了。沒有官方紀錄說明他的提案為何沒被重建委員會通過（委員會由市政官員與牧師組成），但他顯然因為常見的政治與宗教問題而受到重大打擊。他們可能認為他的計劃太繁複、太具現代歐洲風、太天主教。他模型中的比例和細節可能對他不利；他留下的想像空間太少了。我們所知的最終版聖保羅大教堂肯定和那座模型非常不一樣：穹頂不再由柱子支撐，有個次要的圓頂，戲劇性的「希臘十字架」則被更對稱而華麗的設計取代。

根據一本十八世紀的家族回憶錄，雷恩因此下定決心「不再製作更多模型……因為他從過去經驗發現這麼做根本就是浪費時間，而且他的設計已太多次被能力不足的人評判」。所以他改用紙本提交新計畫，最終的建築成品則在建造期間持續演變；他曾託人製作聖保羅大教堂某些部分的模型，但明白了保持彈性與調整空間的價值。在未來三百年，模型的僵化與想像力飛馳之間困難的平衡，將持續挑戰建築師。

我曾在二〇〇六年秋天到建築師札哈．哈蒂位在倫敦克勒肯維爾的辦公室拜訪她。儘管她聲譽卓著，而且擁有許多迷人的建築物與獎項，卻還沒在過去二十六年居住的地方——英國建造任何一棟房子：「太荒謬了。」她對我說。「我不知道他們為什麼不選我。我猜不到原因，沒有人真的來對我說：『他們不喜歡你……』」

這個異常現象即將受到修正。她已設計了一棟美麗的小型建築，在法夫行政區柯科迪的維多利亞醫院旁邊，是提供癌症病人使用的非正式協談空間。哈蒂受她的朋友瑪姬・凱瑟克・詹克斯所啟發，概念很簡單：建造一個遠離直接醫療考量的區域，病人可以在此提振心神。理想上，這棟建築要有遼闊的景觀，還有一塊區域可以思索與談論後續的醫療選擇。詹克斯在一九九五年死於癌症之前不久，她希望能有這麼一個地方，在這裡，生命的喜樂能克服對死亡的恐懼，還有，在這裡，用一個在現代主義建築圈很少聽到的詞來說，人們可能感覺被一棟建築「擁抱」。

在札哈・哈蒂的辦公室裡，她用自己的方式簡單描述：她做的是「一個讓大家悠閒放鬆的地方」。其他頂尖建築師也建了自己的瑪姬療養中心——法蘭克・蓋瑞的在丹地、理查・羅傑斯的在倫敦、福斯特建築事務所則蓋在曼徹斯特——但哈蒂的計畫似乎帶來特別複雜的挑戰，尤其是她的療養中心鄰近醫院的停車場。

她解決這個問題的方式是將建築設置在荒地上，位址邊緣漸漸沒入山谷，背對著醫院，以示對抗。建築外面覆蓋著上了黑色液體的聚氨酯。其鋼鐵構造無縫摺疊，暗示這是個尚未開始增殖的細胞。建築物內部，在明淨清透的玻璃牆裡頭是一片潔白，曲線、斜坡與外面的緊繃框線及凸出而充滿動態的屋頂形成了對比。這又一次展現了象徵手法：建築的潔淨舒適與堅不可摧軟化了嚴酷的現實。哈蒂告訴我：「我認為在根本上，建築真的關乎幸福。你創造的每一棟建築，都該讓人身在其中時感覺良好。」

當然，要在一座模型中描繪這些理想有點棘手。我感覺到，早在哈蒂職涯剛剛起步之際，她就明白，在她能用海綿與塑合板解釋的事物，與她能在現實生活中建造的東西之間，將永遠存在一道巨大的鴻溝。這可以解釋為什麼比起多數建築師，她的微縮作品更常是抽象藝術——像神經突觸尖角般的放射狀，導致評論家必須費力找尋新的方式描述。她創造的構造到底屬於建構主義、解構主義、還是後結構主義？而且，因為她是反傳統的人，也是個女人，支持者（和她自己）質疑她能否為父權體制所信賴。札哈·哈蒂建築事務所為皇家藝術學院夏季展的固定班底，她的作品從建築展廳逐漸遷移到容納瀟灑奔放作品的主要展廳。她在早年不只有點灰心地承認，她的作品或許也是藝術品：太少設計真正付諸實現、動用到安全頭盔與起重機。她從很早開始就強調模型對她事業的價值，而她的職業道路可謂堅定不移，以至於模型成了她留下最重要的遺產。

經過數年的繪圖、模型製作與在小規模的狀態下想像，當她的建築終於出現，不禁迸發出鮮活的動能——這個怪物脫離了她的束縛。而且這些建築自然就背負了豐富的哲學：這麼多的近距離精細觀察加上抽象的理論思考，其成果終將以極大的規模在真實世界中實現。

• • •

哈蒂出生在伊拉克，但在倫敦的建築聯盟學院打響名號。她有令人畏懼的名聲，就是特立獨行的天才喜歡呈現出來的感覺，在我拜訪時，她散發出的氛圍結合了專橫跋扈與有魅力婦女的特質。她的性格與外表都充滿魄力，是不折不扣的建築師，當她拿起一座模型——一座尚未完成的高塔——解釋某個重點，那模型在她的掌上，就像沙丘上的細枝。

她在法夫的建築物再過幾週就要開幕，但她帶我從頭回想這棟建築的概念。她最早的草圖是形式自由的行動繪畫，晚一點才轉用精確的表現手法。她的模型用紙板和壓克力粗略製成，稍微比較能夠捕捉該建築的蓬勃精神；不過就連那些模型都屬於印象派，其中一個只有多層如瀑布狀的卡紙，強調這棟建築位在富饒的山谷上，另一座模型則強調自然光的流動。這些模型為經典的啞白色，但建築物則上了一層碳化矽顆粒，使它在陽光下閃閃發亮。邊緣幾個可移動的人偶確立了模型的比例，這些人偶也上了白色噴漆，有幾個人在建築內運動。

「這其中的概念是它應該盤旋在邊緣。」哈蒂邊說邊指向紙卡的一個銳角：「這裡就像一道折線，彷彿一整片紙張包裹起來。這裡這些形狀（她指向被裁掉的三角形，那就好像鳥兒降落在屋頂上）形成的孔洞是為了讓光透進來……裡頭有彎曲的牆面……你可以在這裡諮詢護理師，在這裡上一堂放鬆課程，這裡是廁所，這裡是圖書閱覽區，還有這裡是主要的烹飪區，有一張大桌，可以在這裡喝茶，或和在場的人聊天。」

即便這棟建築有著角度尖銳的懸臂屋頂，距離奠定她名聲的抗重力前衛作品依然差了十萬八千里遠。事實上，回顧她的職涯，她在法夫的戰績時常受到忽略，人們認為比起她晚期的大規模成就，這些是比較不重要的作品。她在英國的第一棟建築幾乎是在打造她想要擁有的一棟小房子，在

盤旋在邊緣：瑪姬療養中心實現了形狀與形式。

中央有可運行的廚房和當代傢飾；用心理治療的語言來說，這棟建築「擁抱」著居住者。

哈蒂和同事用這些模型及模型的照片向客戶、可能的贊助者與即將實際建造的承包商解釋她的計畫。她也用模型向來訪的作家解釋想法，這些作家向來比較習慣語言表達。我發現自己難以想像瑪姬療養中心的建築沒有先以這樣的迷你規模呈現就付諸實現，但在把宏大願景縮小成這樣時需要做出多少讓步，則不難想像。因此，她工作室裡的其他作品運用卡紙和紙板時純粹只為了輔助工作，除了同事之外，甚少有外人會見到這些模型。其中一件一九九八年的作品令人難忘，代表的是芝加哥伊利諾理工學院活動中心，用一大疊紙卡建成，多數紙卡平行堆疊，少數幾張朝觀者的方向突出，鑲進矩形或金字塔般的垂直柱子，就像一疊洗牌洗得參差的巨大撲克牌。一九一四年《建築實錄》雜誌中的觀察似乎依然適用：細節精確的模型「未必需要想像力，也因此不算藝術作品。」

建築模型的材料數世紀以來不斷改變。文藝復興時期偏好桃花心木，十九世紀將石膏引入這項工作，而我們今天則用精製塑膠製作模型。我們也可以從中看到哲學的轉變，可溯及一九六〇年代——離開寫實主義，朝更加抽象與暗示性的方向移動。但無論在任何年代、使用任何材料，模型都說著一種普世語言。我們喜歡可以拿起來檢視的東西、可以望進去或進行環視的東西。當我們可以只憑一眼，在不同的明暗條件下，就將整個龐大計畫視覺化，我們感到滿足。我們欣賞事物以微縮狀態開始，而且我們樂享一種概念，就是在建築師可以扮演上帝之前，我們作為在展覽或開幕日興致高昂的圍觀者，可能也成了小小事物的神。

凱倫．穆恩在她囊括廣博知識的著作《模型訊息》當中引用挪威裔美籍的頂尖當代建築師彼得．普瑞安的話：「每個人都能夠理解模型；那正是模型之美。手繪圖和3D電腦繪圖十分吸引人，但模型對我們所有人說話。」最重要的是，模型代表建築的概念而非現實，儘管把建築模型化為真實尺寸的可能性高不過鐵道模型，模型讓這個世界變得可能。

經過多年，隨著哈蒂的名氣增長，她許多粗糙而奇特的微縮品變得無比珍貴，因為它們提供獨特的視角，讓人一瞥充滿激情的內心世界。這些模型經常是哈蒂曾懷有這麼多新創作願景的唯一實體證明。這些模型包括海牙的荷蘭議會擴建建築（一九七八，未實現）；愛爾蘭總理在都柏林的住所（一九七九，未實現）；重新設計特拉法加廣場的宏偉建築（一九八五，未實現）；還有漢堡碼頭區的新計畫（一九八六，未實現）。未來曾是美麗的。

舊金山現代藝術博物館於一九九七年舉辦札哈．哈蒂職涯中期的作品回顧展時，並未展出她作品的照片，而是長形如卷軸般的繪畫。其中一則說明文字解釋，她「設計的建築看起來像是爆炸了」，讓這些建築聽起來連在紙上檢視都不太安全。當然，二〇〇六年（她六十五歲過世的十年前）我前往拜訪時，哈蒂只是個「紙上建築師」。隨著萊比錫ＢＭＷ工廠和狼堡的費諾科學中心完工，哈蒂獲得了讚譽與認可，也引來額外的注目。她最為人所知的還是她的「火爆」階段，當時她的建築看起來就像剛拿到新幾何標尺工具組的小孩畫的未來風積木拼圖。她當時還未建造象徵她「瘋狂流動」階段的建築物，其中的最佳範例為奧運水上運動中心誘人的巨大曲線、倫敦蛇型藝廊薩克勒分館、中國的望京摩天大樓。要製作出這些較晚期也較大型計畫的模型看似不可能，更別提要蓋出來了。但他們確實初步在電腦上模擬了微縮模型，認為單靠紙張和卡紙，連只有五成效果的印象派版本都不足以完成。這些模型多半（外包給專門公司）以現代材料製成，常用的有聚酯纖維、金屬線、金屬片，以及哈蒂特別偏愛的透明或噴砂的壓克力。最終，這些模型中有一些成了真實世界中不凡的全尺寸成品，真實世界終於可以宣告，自己跟上建築師的想像力了。

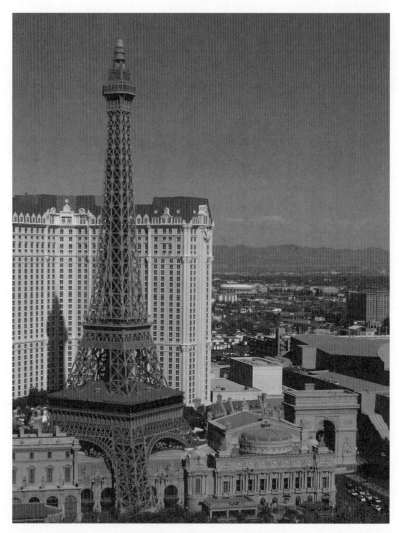

把世界縮小到拉斯維加斯級尺寸：
賭城大道於一九九九年開通後不久，巴黎坐落其上。

同場加映——

一九九八年，拉斯維加斯歡迎全世界光臨

上世紀末，處在權力巔峰的旅館老闆、億萬富翁史蒂夫·韋恩問我一個吸引人的問題。「如果我們可以蓋一間旅館，無論在哪個世紀都是地球歷史上顯然、絕對、壓倒性最美好、優雅、漂亮的旅館，就連約翰尼斯堡人或新加坡人都會說：『太驚人了。』這豈不是很了不起？」

確實很了不起。韋恩就這樣蓋了百樂宮，這間飯店濃縮了他度假時造訪的義大利村莊。在把拉斯維加斯由糜爛墮落之地轉為會議中心，再轉為家庭度假地點然後變成奢華度假村的旅程中，百樂宮是最後一步。百樂宮裡的流行語是高雅，這份高雅始於飯店前隨著莫札特與韋瓦第旋律起落的著名噴泉水舞，結束於一個對這座沙漠城而言十分獨特的地方：一間正規藝廊裡展示著價值三億美元的印象派傑作。百樂宮裡的一切都稍微更昂貴一點、更豪華一點，比它的花稍對手更加奢華，還有，藉由仿造西元前四百年開始有人居住的科莫湖小小岬角，它披上了歐洲文化的表象。（這家飯店對於採納哪些部分的文化也沒太過挑剔：裡面的西班牙與法國招牌餐館——畢卡索和 Le Cirque 兩家餐廳，輕輕鬆鬆就

脫離了整家飯店的義大利背景設定，就像哥倫布出發尋找白酒蛤蜊義大利麵，要是他沒發現新式烹調就太可惜了)。

在拉斯維加斯，這個世界輕易從世界級尺寸縮小為拉斯維加斯級尺寸。開發商在一九八〇年代的某一刻意識到，飯店可以透過提供賭博與廉價房間以外的東西達到成功——一種幻象，讓離開賭桌的旅客踏上逃避現實的冒險。於是迷你度假村紛紛冒了出來，外表裝扮成險惡的外海（金銀島飯店）、古埃及（金字塔狀的路克索飯店）、亞瑟王傳奇（石中劍飯店，有塔樓和比武競賽）及整座雨林（曼德勒海灣飯店，裡面有肥大的天堂鳥，還有裝飾藝術風的銲製伏特加吧檯，前面擺著列寧雕像，就亞馬遜企業而言十分不尋常）。

這些奇幻故事正中目標，開發商可以透過城市主題飯店吸引資金只是遲早的問題。投資者相信旅客——尤其是美國旅客——不需要用護照就可以抵達一個新環境時，會覺得比較安全。所以，現代曼哈頓在一九九七年以紐約紐約飯店的形式出現在賭場大道上，裡面有康尼島風格的雲霄飛車穿過大廳，還有一尊自由女神像複製品，逼真到美國郵政署用這個複製品而非原始雕像的照片來製作郵票。威尼斯人飯店出現在兩年後。這座飯店坐擁總督宮、可以搭乘貢多拉船的運河、小型聖馬可廣場（據說拿破崙稱之為「歐洲最美的客廳」；而這裡的廣場更像一間小廚房），而且每一間旅館餐廳都有來自內華達的領班操著義大利口音講話。幾個月之後，巴黎飯店開幕了。這間旅館（當然）有座小一半的艾菲爾鐵塔，鐵塔的腳跨站在賭場內部，還有大幅縮小的凱旋門，你可以在這裡用火焰可麗餅歌頌拿破崙的英勇善戰。當對微縮複製品的渴望蔓延到整個城市，是什麼在作祟？至少是自負。還有好奇心的減少，和模仿作品的勝利。

該怎麼解釋這個沙漠中的微縮世界？當你和那些以拉斯維加斯為家的人聊愈多，就愈常聽到他們把歐洲當成幻影，覺得拉斯維加斯才是玩真的。當地電視台將百樂宮的開幕視為高雅的極致表現。一位電視台主持人說：「到達百樂宮肯定比去義大利容易多了。」他的同事回應：「今晚可不是。今晚賭場大道的交通嚴重壅塞。」

當然，多數人來拉斯維加斯還是為了賭博（或採商人堅持使用的「博弈」，把唯利是圖徹底轉化為戰術與體育的概念）。根據《富比士》雜誌二〇一六年最近的計算，史蒂夫·韋恩的身價高達二十七億美元，幾乎全都來自賭場飯店。他在一九六〇年代抵達拉斯維加斯投資與拆除老式旅店（有時候由他自己按下炸樓按鈕，這個動作很受大眾歡迎），然後在金磚飯店、金銀島飯店、金殿飯店的掌管下繁盛發展。金殿飯店以玻里尼西亞為主題，有一座小火山每晚噴發兩次，週末則噴發三次。（這當然很無腦，但你可以試試看，有沒有辦法忍住不在人行道上等著看它噴發。）

「我知道倫敦、巴黎、香港的人是什麼樣子。」一九九八年十一月，韋恩在他的噴泉隨韓德爾的樂聲起舞時告訴我（在拉斯維加斯，水一直都是權力的基本象徵）。「他們想要的和住在雪城的人一樣。他們想去度假，置身在虛幻奇境中，並到好餐廳用餐。不管英國人或中國人，談起怎麼度過閒暇時光都驚人相似。每個中國人都在說：『我們要不要去倫敦？要不要去巴黎？』」韋恩解釋，如今人們想要高品味的事物，而他一直想要打造出來的東西，不只能滿足他們最低階的本能，還要能滿足他們的靈魂。

在百樂宮，對靈魂有益的是藝術。不久之前，這座城市裡距離藝術最近的地方是里伯倫博物館，但現在有來自巴黎印象派沙龍的真正藝術品。韋恩在賭城大道設了一個前所未見的告示牌，上面寫道：「敬請期待——梵谷、莫內、雷諾瓦、塞尚。特別來賓——畢卡索與馬諦斯」。這個告示很快就被稱為「給我看莫內」。

這個想法始於藝術史上完全不同的一個時期。韋恩原本想：「如果櫃台後面有卡拉瓦喬的畫作，不是超棒的嗎？」他想像那是「飯店大廳的美妙宣言——一種接待的體驗。再想像一下天花板上有丁托列多或提香的畫作。」但他很快就發現一個問題。「我在學校修了藝術史——好幾門課，我很喜歡。但我之前沒發現古代大師的市場被宗教主題占據，在拉斯維加斯不太合適。我會給自己和公司添很多麻煩。」然後韋恩發現他最愛的其實是印象派。「誰能找出不喜歡雷諾瓦的理由？」他問我。「雷諾瓦很容易入門，就像成長型內衣，就像你的第一台三輪車。」就這樣，在備受尊敬的紐約商人威廉・阿夸維拉協助下，韋恩花兩年半跑遍拍賣行和私人收藏，尋找畫作來填滿後來的百樂宮美術館：圍繞絨線的兩個小展間和一間禮品店，距離喧鬧的賭場只有幾步遠。

韋恩帶我遊覽他的收購品。他的畫廊和地下室的畢卡索高檔餐廳裡有一些驚人的畫作，用已故藝術評論家羅伯特・修斯的話來說，有幾幅「讓任何博物館都嫉妒」。修斯也說在百樂宮的整體經驗十分奇特，幾乎足以讓你想在那裡度過整個週末。

「這是梵谷一生中畫過最棒的女性單人肖像。」韋恩站在〈麥前的農婦〉前告訴我。「這幅畫於一八九〇年六月的最後一週完成於一間旅舍後的麥田。這是〈蒙娜麗莎〉等級的畫作。」這幅畫價值四千七百五十萬美元，韋恩很高興高頭大馬的中西部人也可以花十元入場費就欣賞到這幅畫。韋恩看到自己把世界縮小——將藝術品帶給人們，於是他們不必跑到別的地方去。

我們碰面之後，百樂宮的收藏品分崩離析——有些畫作被賣掉了，有些由韋恩保留在他的餐廳和後來新開的旅館展出，那間旅館取名永利飯店（或永利拉斯維加斯度假村與鄉村俱樂部）。永利飯店看起來彷彿鍍了金，它並不是仿造某個城市或文化的度假村——或者應該說它是，只是那個城市與文化就是拉斯維加斯。其他過去幾年開幕的飯店也回到閃閃發亮的拉斯維加斯基本款，儘管少了點廉價俗麗，比前輩們更有魅力：大都會飯店、林尼克飯店、維達拉飯店、阿麗雅飯店、德拉諾飯店。韋恩自己也遭遇挫敗：他在二〇一八年初遭幾位前員工指控曾發生不當性行為，接著辭去永利度假村執行長的職務。

現在流行的是全套房飯店和川普庸俗風。許多新開的旅館有Prada和愛馬仕精品店，以及法拉利經銷公司；有些甚至沒有賭場。在莫哈維沙漠把世界其他地方縮小為一個滿是霓虹燈的噩夢這種做法踢到了鐵板；儘管百樂宮、巴黎飯店、威尼斯人飯店生意持續興隆，但沒有人計畫要蓋類似的主題性娛樂場所——例如，沒有人計畫要蓋充滿狄更斯筆下的小偷、《歡樂滿人間》裡那種倫敦佬、還有小小大笨鐘的迷你倫敦。這個古老國家再次老到失去了魅力。

這一切為何中止了？或許其他歐洲首都面對棘手的移民危機和恐怖主義，以及兩者之間的糟糕連結，已經太過擔驚受怕。或者，也許當人們好不容易離開二十四小時吃到飽的餐廳，他們其實想看看實際尺寸的世界。但有時候積習難改。永利飯店開幕時，行銷文案宣稱：「米開朗基羅花費四年完成西斯汀禮拜堂的天花板。你的房間卻花了五年完成。」

還在漂浮中：一九五六年與二〇一七年，菲利浦・華倫和他的軍艦。

CHAPTER 8 完美的嗜好

二〇一七年五月二十日星期六，英國海軍艦隊發生了可怕的事。美國海軍陸戰隊和蘇聯航行狀態也不佳，來自德國、法國、義大利、西班牙的漂流軍火庫同樣如此。因為就在這一天，早上九點，菲利浦．華倫（朋友口中的「菲爾」，來自多塞特郡布蘭德福德的文具供應退休經理）決定，基於運轉考量，八十六歲高齡的他決定最後一次展示他令人歎為觀止的火柴軍艦。或者至少報紙讓我們相信事情是這樣。

布蘭德福德福魯姆穀物交易所自十八世紀起就是各種農業詐騙的發生地，近期則是市長舉辦舞會與古玩拍賣的地方，這裡將被鋪著藍色毛呢的長桌占領整個週末。

他的艦隊陣容讓人驚豔，對於初來乍到者則顯得荒唐。華倫先生製作了四百七十六艘船，展出了將近一半。他的軍艦有各種不同的大小和功能、來自不同國家，包括一九四五年以降各國海軍使用過的每一種軍艦。其中以英國皇家海軍為主，但美國也有四艘超級航空母艦和一系列甲板上可停放飛機的巡洋艦作為實力堅強的代表。軍艦上有火柴砲塔、發射器、錨鏈，還有傳統飛彈與核子飛彈。幾乎所有船隻都漆成「戰艦灰」，包括英王喬治五世號戰艦、比斯特號戰艦、紐澤西號戰艦、福萊斯特號航空母艦、追蹤者號戰艦、鐵公爵號戰艦，以及幾乎必備的M級驅逐艦——無敵號戰艦。光是這些艦名就能讓俯身欣賞的訪客熱淚盈眶地相認了。華倫的火柴軍艦下都有個平底，所以你只要瞇起眼睛，就能看見船隻漂浮在靜止的水面。放著軍艦的桌子旁是布蘭德福德模型鐵道俱樂部的索姆河戰役立體透視模型。

華倫先生銳利的雙眼上方有著白色濃眉，他本人也在現場，瀏覽著說明與統計數字。製作大型模型可以費時一年，小型則需要幾個月。每艘小船需要一千五百根火柴，大船則要五千根；他在模型製作生涯中已用了大約七十萬根火柴。

他整個成年時期都在打造這支易燃的艦隊；一九四八年，他十七歲時啟動了蠍號戰艦。他的首批模型十分簡陋，但在繼續製作的過程中有所學習，接受火柴模型前輩的建議，學到如何任意彎折與黏貼小小木頭（包括火柴和火柴盒的各面）。他一直堅守首艘軍艦的一比三百比例，於是製作出三英尺的現代航空母艦，載有F－14雄貓式戰機，他早期的輕型巡防艦和巡防艦相形之下顯得很小。當直升機的螺旋槳旋轉時，F－14戰機的機翼就向後轉，令人欣喜。「你最需要的就是耐心。」他說。這是多麼明顯的事情，但他刻意花時間再說一次。「欲速則不達。你要很有耐心，而且不能發脾氣或生氣，否則模型船就遭殃了。」

華倫先生說他的嗜好一點也不奇特，至少在他開始的年代。幾個星期後，他在電話中告訴我，「當時其他每個男孩」都在製作某種模型。「當然，火柴非常、非常、非常普遍。大家一天到晚都在用。」華倫以前製作過飛機模型——有橡皮筋馬達的滑翔機。「然後我產生一股建造軍艦的渴望。剛好有一只濕掉的火柴盒在手邊，我發現那就像一片美麗的木材。我想只要建一座模型就可以趕走那股渴望，結果不然，就變成現在這樣了。」

華倫先生艦隊的非凡之處在於龐大程度與涵蓋範圍，裡面有大有小，許多專業微縮品的製作嘗試都是如此。他說：「我在無意中，其實打造出了軍艦的歷史。」

華倫先生以前講過幾次自己的故事了。「有件事很有趣，我父親以前是英國軍團俱樂部的管理員，我們也住在裡面。我還在上學時，有個任務就是在聚會或惠司特牌比賽結束後清理環境，每張桌上都會有一堆用過的火柴或一、兩個火柴盒。我有現成的火柴供應源，然後大家知道我有這個嗜好之後，開始為我收集火柴。我從來不缺火柴。」

華倫不抽菸，但從來不需要自己買火柴。「像我說的，我老家的人總為我留下火柴和火柴盒，我將火柴盒浸泡消毒水，等外層的紙脫落，再用金屬壓平器烘乾木頭。有一天我忽然發現，他們給我的盒子裡有一半其實是紙板而非木頭。當然，我感到恐慌。『我的嗜好要完蛋了！』當時是八〇年代，但我很幸運，可以繼續下去，因為那時大家有另一個嗜好是收集火柴標籤，有一天我在展覽時偶然碰到一個傢伙，他說他收集了六萬個不同的火柴標籤，是一個收藏者協會的秘書。他通知所有會員，帶著幾個裝滿木盒的垃圾袋來找我。有個傢伙打給我，他的叔叔不幸過世了，他之前在清理他的房子，結果打開花園裡一個超大的紙盒，裡面被木製舊火柴盒塞得滿滿的。他真的對我說：『如果我今早沒在廣播裡聽到你的事情，我已經把這些火柴盒燒了。』」

華倫先生的展覽上有個告示用來解釋建造軍艦的各個階段。「除了火柴、火柴盒，沒有用其他東西。」若有人追問，他會說其實這不全然是事實，因為還需要鑷子、砂紙、Humbrol牌模型膠、尺、剃刀、帽針（用來鑽洞）。火柴的尺寸並不統一——華倫先生注意到，火柴經過多年已經縮小——但他對於使用哪種的火柴不太挑剔；甚至那種模型店用大塑膠袋販售的火柴都可以用（也就是只有木頭，不含硫磺端）。有個小小的缺點：「我得花大把力氣用砂紙把火柴磨成相同的大小。」

火柴模型製作者透過統一大小來確保火柴彼此相配，這對一位叫唐納·麥奈利的人來說也是個問題。麥奈利先生於二〇一〇年過世時，同輩認為他是世界上最有經驗且成就最高的模型製作者之一，如果他有機會讀到自己在《每日電訊報》上的訃聞，想必會滿意上面提到他建造甲板時「總是按比例鋪設木板」。

他使用的比例從他所謂的「合理微縮」尺寸（一比十六）一直到「格外微縮」（一比一百）都有，但他身為編年史作家與推廣者的技能也不輸模型製作。他是模型玩家最棒的朋友，是當你的膠水不夠稀或只是不曉得接下來要做什麼模型時可以求助的對象。其他針對這種技藝寫作的人都聚焦特定主題：好比說《桅帆裝配的藝術》或《給模型船建造者的木板鋪設技術指南》（書封上的簡介說到：「木板鋪設是模型船製作技術中最重要但最少被提及的面向之一——現在不是了」）。但麥奈利專注在更廣泛的指導。他的暢銷書《微縮模型船》（一九七五）對考慮以半職業方式開始從事這項技藝的人提供了一些好建議，還有些關於如何和稅務人員談論這項嗜好的額外訣竅（製作模型船是你的愛好、為了買賣，或兩者皆是？模型船什麼時候會從玩具變成符合展示標準的教育工具？）麥奈利也思考，為別人製作模型船時，該以時間或船隻為單位來收費比較公平。

可以的話，麥奈利先生喜歡使用火柴，但他也接受波薩木、木柴，還有象牙、銅、金屬線、棉花（用在帆上）。他應客戶要求製作軍艦，但幾乎也製做其他每一種船：葡萄牙卡拉維爾帆船（約一五〇〇）、荷蘭皮納斯船（約一六五二）、殖民時期美國的單桅縱帆船（一七四二）及阿基米德號螺旋槳蒸汽船（一八三八）。他最自豪的是有六座大砲的皇家遊艇廚房號（一六七〇）、美國快速帆船獵鹿犬號（一八五〇），當然還有四桅帆船赫爾佐金・塞西里號（一九〇二）。

他的船隻製作成「水線」模型（和華倫先生的模型一樣是平底的），完成後置於波濤洶湧的海洋與黑暗天空的立體透視模型中。但他也製作「全船體」模型，通常展示在一個底座上面。麥奈利先生也是模型修復工，當博物館的十八世紀東印度商船或十九世紀明輪船需要協助，就會請他幫忙。他自己的模型則保存在史密森尼學會與位於安那波利斯的海軍學院博物館。他說他特別享受修復拿破崙戰爭軍人製作的那些「粗糙但真誠」的模型。

麥奈利先生擁有的智慧跨越實務到哲學層次，若放寬標準，或許可以應用到大部分的微縮活動。他寫道：「訣竅當然在於一直保持在最高的工時，週復一週，年復一年。這並不會太難，這項工作令人全神貫注，努力投入之後不再需要那麼高的自律，而且外面的世界變得愈來愈不吸引人了。」我想起毛姆對另一種文靜愛好的觀察：「養成閱讀的習慣，就是為你自己創造一個避難所，遠離生命所有苦難。」把微縮模型當作消遣，是種安定器——無論發生什麼事，你的嗜好都在你的掌握之中。

麥奈利先生相信人們渴望他的船，是因為船是美麗的東西，也因為精美複雜的物品總是受人欣賞。他發現船隻愈精美複雜，人們就愈喜愛。但到底為什麼要製作模型呢？麥奈利先生以令人耳目一新的坦白態度寫道，他並不覺得模型製作有太多好處。他製作的模型船很少讓他滿意。他寫到自己獲得的經濟報酬不多，保持「貧窮的生活方式」。現實擺在眼前：「船模型是無用的東西，唯一的優點就在描繪原型的精準度與寫實性，藉此提供觀看者長久的樂趣。」

他的職業是合格會計，退休之後，他才能將模型製作從兼職的業餘嗜好提升為全職的專業狂熱。他為晚年生活訂定嚴格的規則（製作模型的時間為早上八點到下午一點、下午兩點半到七點半，一週七天，一年五十二週）。他午餐只吃輕食。他的妻子艾莉斯比他早離世。

華倫先生在布蘭德福爾德福魯姆宣布他還未讓艦隊全面退休。「報紙說那是最後一次，但還會再辦幾次，不會太多。」他覺得四處奔波有點惱人，而且抵達目的地之後還可能花上四到五個小時布展。他說，他的視力減退了一點，上漆變得困難，但至少雙手還穩健。他的模型很脆弱，所以他也製作了運載模型船用的木盒。「我的 Focus estate 旅行車可以完全裝下我們要帶去展場的二百五十二個盒子。」他告訴我。「我沒有獨立的工具小屋。我和兒子、媳婦住在一起，我們找到一間房子有附加建築可以讓我使用，因為我太太不幸在幾年前過世了。」

我想知道如果他也過世了，那支艦隊怎麼辦。「我不知道。我希望它們可以進駐某個地方的博物館，但那花費高昂。這些軍艦不能像我展示時那樣放在開放的桌上。我們必須考慮濕度和溫度等等因素。而多數博物館空間和現金都不足。這會是個棘手的問題。」但其實可能已經有來自自己人的解決方法。「我兒子幫我擺設展示品時對我說：『爸，你知道的，我之後還挺願意做這個的。』從我的角度來看，那顯然會是最好的結局。因為他和我的艦隊一起長大，他知道怎麼打包，也變得挺擅長分辨哪艘船要放在哪裡。」

我和華倫先生談得愈多，就愈嫉妒他的人生，或至少他的消遣。畢竟，他擁有的嗜好真的是個嗜好，這份摯愛顯示出有秩序而受庇護的人生，儘管與人疏離。他的優先順序似乎同時是對的也是錯的。維持製作微縮品的嗜好這麼多年——到底是堅強還是固著的跡象？是適應不良或實作性的高度成就？華倫先生把這個嗜好講成純粹的樂趣。

這份樂趣也在於觀看。這並不是近乎混亂的熱情，不是班雅明所相信讓所有執迷者痛苦的那種熱情。反之，其有條理而理智。華倫先生令人印象深刻、高尚而重複的展示（驚奇之處就在內含奇蹟），讓人想起法國電影《客人變成豬》，在這齣鬧劇中，幾個自以為是的有錢專業人士分別要帶一個白癡到晚餐派對上。這個白癡娛樂他們，接著劇情以赤裸裸的莎士比亞戲劇風格開展，揭示了其他客人其實多麼愚蠢。這部一九九八年的電影叫好又叫座，被翻拍成各國語言的新版本，包括史提夫・卡爾主演的好萊塢版本《豬頭晚餐》。在這個版本裡，豬頭建造了老鼠的立體透視模型（或稱「老鼠傑作」〔mouseterpieces〕），裡頭的老鼠填充玩偶都打扮成歷史上的重要人物——迷你蒙娜麗莎、富蘭克林、威靈頓、拿破崙。在法文原版中，那個白癡也是模型玩家，但是是傳統的模型玩家，他為知名地標製作精細繁複的縮小複製品。他製作不會沉沒的木船，建造停在陸地上的小小協和號客機，以及——沒錯——他用三十四萬六千四百二十二根火柴打造了艾菲爾鐵塔的複製品。前來共進晚餐的客人嘲笑他的作品毫無意義，但他活在自己的世界時，或許比其他人在自己世界裡的任何時刻都更快樂。

「這個領域屬於住在閣樓裡神經質的人」：
麥當勞叔叔變成查普曼兄弟的藝術手法。

同場加映

二〇一六年，倫敦的藝術家

「基本上，就是很多極度不快樂的人溜下來到這裡，被危險的生鏽邊緣割傷……一群人堆疊在這裡哭號，而且明顯都想爬上去再溜一次，然而因為在地獄沒有人會死，於是便這麼繼續下去，一次又一次沒完沒了。」迪諾斯・查普曼如此解釋作品。

他在談的模型以老方法製成，材料是木材、樹脂、膠水，炭灰色模型一團混亂又搖搖欲墜，像是恐怖電影中的場景，或昏暗天色下的遊樂場，或集中營。模型置於一個箱子裡，即將圍起來變成玻璃展示櫃。九個這種玻璃櫃放在一個以柱子架高的平台上，將擺滿一個房間，並排成卍字形。啊，典型的現代藝術。迪諾斯・查普曼是個高眺自信、正處在最佳狀態的男人，輕柔的聲音掩飾了所述內容的恐怖，他在位於哈克尼的工作室，低頭看著這團混亂。模型底部有數百具變形的屍體和斷肢——多數是納粹，但也有不少麥當勞叔叔的人偶。這就是威爾斯在戰爭之廟警告我們的事情。另外，還有製作迷你模型的喜樂中任性的墮落。

因為人們已經熟悉查普曼兄弟，他們最引人注意的作品——邪惡的血腥火葬、對工業化種族大屠殺的描繪、臉上的陰莖與陰道、坐著輪椅的迷你史蒂芬・霍金在懸崖上，甚至是大規模購買和興奮地污損哥雅的蝕刻畫和希特勒的水彩畫——人們驚嚇的程度就不如以往了。一旦眾人知道你是製造驚嚇的藝術家，他們就只會交叉雙臂在胸前看著（傑克・查普曼說，沒有人真的承認自己看到查普曼兄弟的作品時，像見到卡爾・安德烈的磚塊時那樣徹底震驚；他們只假設其他人一定如此）。少了震驚，留下的是虐待狂式的幽默與刻意的對質。觀者的雙眼透露出恐懼，但依然觀看。

查普曼兄弟以三種尺寸呈現他們的世界觀——牆壁大小的印象派蝕刻畫與油畫、真人尺寸的樹脂人體模型、微縮品。微縮作品需要投入大型作品不需要的關注在細節上（而且觀眾可能不會注意到）。他們的迷你人偶引人仔細檢視，其成功除了建立在精確度與複雜性，也來自他們的意圖。對查普曼兄弟來說，微縮創作是去思索「平庸」，以及將人類苦難以工業化方式大量生產的手段。我們傾向認為納粹集中營對人類造成大規模的毀滅，但對納粹來說，規模可能並不重要。此外，查普曼兄弟說，他們作品的重點不在於大屠殺，而是復仇，因為現在輪到納粹在作品中受苦了。他們說，「把東西放在玻璃後提高了窺淫欲，」此時作品的責任有部分從藝術家轉移到了觀者身上。作品愈迷你，我們愈想探詢；只是透過觀看，我們就被牽扯其中。

迪諾斯對著來拍攝一集節目《藝術家整天都在幹嘛？》的英國廣播公司工作人員解釋，這些模型的材料來自「你能買到的各種零碎物件，但經過了大改造。」他們買了六萬個玩具兵然後使之扭曲變形，破壞它們本來作為玩具的溫柔角色，就像小孩在無聊時做起實驗那樣。「切碎這些玩具給我們一種全能感。」傑克．查普曼說。他談到，對人握有權力——無論多麼小又多麼不真實的人——依然是權力。

這個「地獄景」作品不是查普曼兄弟最先使用人偶的微縮作品。他們最早（一九九三）公開展示的合作作品之一，名為〈戰爭的災難〉，包括把哥雅描繪拿破崙入侵西班牙之殘殺景象的蝕刻畫（一八一〇—一八二〇）轉為3D作品。查普曼兄弟安排在圓桌上的場面就像塑膠底座上的傳統玩具人偶，只不過那些場景不會出現在普通的玩具盒裡：砍頭、刺殺、砍殺、如噩夢般的巨鳥打鬥、斬首、吊著脖子搖晃、焚燒獻祭、非常不快樂的嬰兒、赤裸著奔逃。很多人偶買自模型玩具店，然後他們用高溫的刀子切割、讓它們受傷、用吉他弦絞死、嵌進撒上砂礫的聚酯樹脂基座裡——總共有八十三個獨立場景，全都有各自的基座，令人不安的整個系列作品直徑約二百公分，大約等於一張加大雙人床，或拉斯維加斯賭城大道長度的三千五百分之一，或地球與月亮距離的零點零零零零零零零零五倍，或拿破崙身高的一又五分之一倍。

當然，小東西做起來可能曠日廢時，可能把你逼瘋。查普曼兄弟在二〇〇三年做了一組西洋棋。這樣的作品對他們來說並不奇特，只是比其他作品更小：一邊的棋子是直髮的粉色人體模型，另一邊則是留著巨大爆炸頭的棕色人體模型。他們的鼻子形狀明顯像陰莖，嘴巴像個洞，士兵單膝下跪，國王和皇后揹著另一個人。這個作品十分精細，撇開製作所需的驚人時間不談，它看來可愛而不嚇人。有人問迪諾斯．查普曼有沒有從這個作品中學到什麼新東西，他說：「有，就是不要再做這種事了。」

但這組西洋棋只是他們在製作最新地獄景期間用來轉移注意力的事情。傑克．查普曼在他的工作室視察最新的地獄模型，他承認這個任務很荒謬，也說受雇協助兩兄弟完成作品的工作室助理必須不時輪替工作。要是必須花好幾個星期繪製兩千個迷你麥當勞叔叔袖子上的紅白條紋，他們會失控尖叫。他說：「如果這個作品談的是地獄，它不只從內涵層面談地獄，也包含了地獄般的製作過程。這個過程要求和應用各種技巧與技術，其本身沒有價值，也和創作前衛藝術的概念無關。這個領域屬於住在閣樓裡神經質的人。」

他們以微縮品描繪出的苦難在二〇〇四年毀於一場倉庫的火災，此事件廣為人知，也符合地獄布滿火焰的意象。大火吞噬了倫敦東區莫馬特藝術儲藏設施裡的所有東西，包括來自達米恩．赫斯特、翠西．艾敏、克里斯．歐菲利、派崔克．赫倫的許多作品。查普曼兄弟公開表示，比起難過，他們更被這場大火逗樂了，他們迅速決定要盡可能重製作品，而且不只是自己的作品：他們一直感興趣的議題包括挪用與大量生產的過程，以及藝術的原創性既不可能實現，也不是非常值得追求，因此他們相信自己可以複製出其他藝術家的作品。他們在重新縫製翠西．艾敏的帳篷〈所有和我睡過的人〉之後，同意這真是無意義又累人，於是停止了。但查普曼兄弟的確重建了他們的地獄場景，而且還經過擴張與升級，稱之為〈該死的地獄〉（二〇〇八）。然後〈該死的地獄〉又進一步發展成另一個包含九個玻璃櫃的創作，名稱是〈玩樂的終結〉（二〇一〇），裡頭有麥當勞叔叔和鯊魚一起划獨木舟，還有幾個希特勒人偶在畫架上作畫。接著是〈邪惡的總和〉（二〇一二—二〇一三），裡面有更多的麥當勞叔叔和納粹，但也有更多的恐龍、殭屍、骷顱頭。然後是〈像豬一樣活著和思考〉（二〇一七），主題相同但更加極端——如果還能更極端的話。我們可能永遠都擺脫不了這些作品。

傑克．查普曼堅稱，無論以任何尺寸，他們可以合理提供的就是黑暗的悲觀主義與強烈的虛無主義。查普曼兄弟說，迷你地獄景和哥雅改編畫是他們最熱門的作品與最佳里程碑，將永無止境地發展下去。迪諾斯．查普曼特別將創作這些作品說成乏味的例行工作，但卻是他們身為藝術家命定要做的事。在所有地獄景中，納粹在他們自己的大屠殺機制、無止境的混亂、持續噴發的火山中重複循環。我們產生一種自己可能介入這些邪惡馬戲團的感受——因為它們的尺寸如此的小，也因為我們制高向下端詳——而這只會強化作品的力量。沒有其他當代藝術家曾用微縮形式製造出如此具煽動性的效果，不過許多藝術家採取了偏向發人深省的方式。二〇一三年，艾未未將他在中國監獄拘禁八十一天的經驗縮小為一系列共六個一比二的玻璃纖維立體透視模型，透露出審訊過程的單調與不人道（他呈現出自己持續遭到看守，就連睡覺也是）。他說，他的目的是要擺脫

受到持續監看：皇家藝術學院裡，艾未未身在鐵條圍成的箱中。

一段恐怖的經歷，並盡可能向廣大群眾解釋他的境況。藉由把立體透視模型包圍在一個大型鐵箱裡，他的牢房就像娃娃屋中的一個房間；觀者則接收了警衛的角色，查看著他。

瑞秋·懷瑞德在維多利亞與艾伯特兒童博物館的常設展、令人難忘的作品〈村落〉集合了大約一百五十個娃娃屋，錯落地堆成兩座茶箱和水果箱組成的山丘。懷瑞德收集這些娃娃屋二十年，她說她覺得娃娃屋可以當作回憶與家族歷史的儲藏處，這點很有趣。這些娃娃屋從裡頭點亮燈光，但看來無人居住，增添了一股陰鬱而不安的氣氛。觀者可以自創故事，因為作品提供的疑問比答案更多。

只是，還有個問題要問查普曼兄弟：為什麼有那麼多迷你麥當勞叔叔呢？麥當勞——餐廳、漢堡、漢堡神偷、麥當勞叔叔——時常出現在他們的地獄景中。他們在泰特不列顛美術館享有聚光燈的獨立展出作品〈勞動麥當勞薯條〉（*Arbeit McFries*，二〇〇一）[1]或許是本世紀現代藝術裡最好與最糟的雙關語，作品內容是一間爆炸後燒毀的餐廳，還有猛禽在屋頂上（材料都是——還需要提醒嗎？——模型人偶、木材、金屬、樹脂、塑膠、顏料）。

1 此作品名稱取標語「勞動帶來自由」（德語：*Arbeit macht frei*）的諧音，此標語過去常置於納粹集中營的入口。

然後是一片骷髗頭海之上被釘在十字架上的麥當勞叔叔、在破舊遊樂設施上保持平衡的麥當勞叔叔、有一輛《摩登原始人》車子的原始人主題漢堡店、象牙製成的麥當勞金拱門標誌、寫在骨骸上的「麥當勞」。

對傑克．查普曼來說，速食連鎖店是能有效代表無藥可救病態現代社會的指標。「我們把麥當勞當成工業化社會轉變到世界末日的標誌。」（我們在第二章談過的吉米．高迪的〈悲劇過後失序原理〉也類似，隨處可見麥當勞的意象。）查普曼曾欣賞麥當勞提供便宜食糧給大眾的想法，在那裡人人平等。現在，他的模型則呈現出臭氧層變薄以及「一個愛打官司又失去幽默感的小丑」。

查普曼兄弟也製作了名為〈不快樂兒童餐〉的系列作品，這樣的進展似乎十分自然。這些作品在一般的快樂兒童餐盒上刻出地獄，在應該要是宜人綠谷的地方加上許多怪異的人偶、泰迪熊的圖片和內臟爆出的麥當勞叔叔——就像任何普通的憤怒男孩幻想。盒子裡沒有食物，也肯定沒有玩具（玩具拿去惡搞納粹）。

查普曼兄弟不是唯一顛覆玩耍與樂趣、或玩具與第三帝國之間關係的破壞者。一九九五年，波蘭藝術家澤貝紐．里貝拉寫信給樂高要一些積木來製做他正在進行的不明計畫。樂高好心地提供協助，所以當成品於一年之後公開亮相，這位藝術家可以合法宣稱（雖然不完全誠實）他的作品「受樂高贊助」。樂高不太開心，因為里貝拉用他們的禮物蓋了一座集中營。

里貝拉原封不動地用了些樂高積木，另外改造了一些。指揮官由海盜組裝而成，警察局變成營房，車庫則成了酷刑室。所有東西都整潔、冷冰冰又文雅得不得了，但文明的表象掩蓋了恐怖的真相。由於樂高積木與人偶的特性，以及我們自童年以來對樂高擁有無比愉快的回憶，迷你武裝警衛押著迷你骷髏頭走向死亡的景象令人加倍顫慄（這座集中營被鐵絲網包圍；另一個警衛從觀測塔上大喊指令）。就像法蘭西絲・格雷斯諾・李的犯罪模型一樣，這樂高模型刺激我們近距離檢視恐怖的景象，並對其中惡劣境況感同身受。但我們也不禁驚歎於那精巧的藝術性，從中獲得無比的樂趣。

這組藝術作品裝在七個盒子裡，裡面裝著可以組成集中營的積木。上面有微弱的暗示——來自於想為里貝拉辯護，抵抗樂高律師和憤怒群眾指責的人——玩家可以任意組合樂高，製成任何東西，集中營只是幾千個選項之一。但這種說法可騙不了人，盒子上有一張圖片，顯示組合完成的模型樣貌：電擊囚犯腦袋的房間、致命的「淋浴」區。（小孩買到一盒塑膠積木時對於可以組成什麼東西毫無頭緒的年代早已過去，因為樂高早就用啟發想像力的力量換取與娛樂產業的密切結盟。如果你買了一盒樂高，上面有《星際異攻隊》阿比利斯克太空船的圖片，你沒道理用它組成比較弱的太空船或車子。同樣的道理也可以套用到集中營上。）

樂高嘗試提告，但大眾和媒體支持里貝拉身為藝術家的氣節，使樂高公司決定放棄。紐約的猶太人博物館買下了這些盒子，二〇〇二年和查普曼兄弟的某個地獄作品一起展出。有人說這些模型可能刺激觀者以新的角度思考暴行：把苦難縮小到玩具的尺寸，並不會降低、反而凸顯恐怖的程度，邪惡的平庸性被仔細檢視，這種檢視方式使之變得容易消化又難以理解。或者，因為那尺寸，而可以理解。

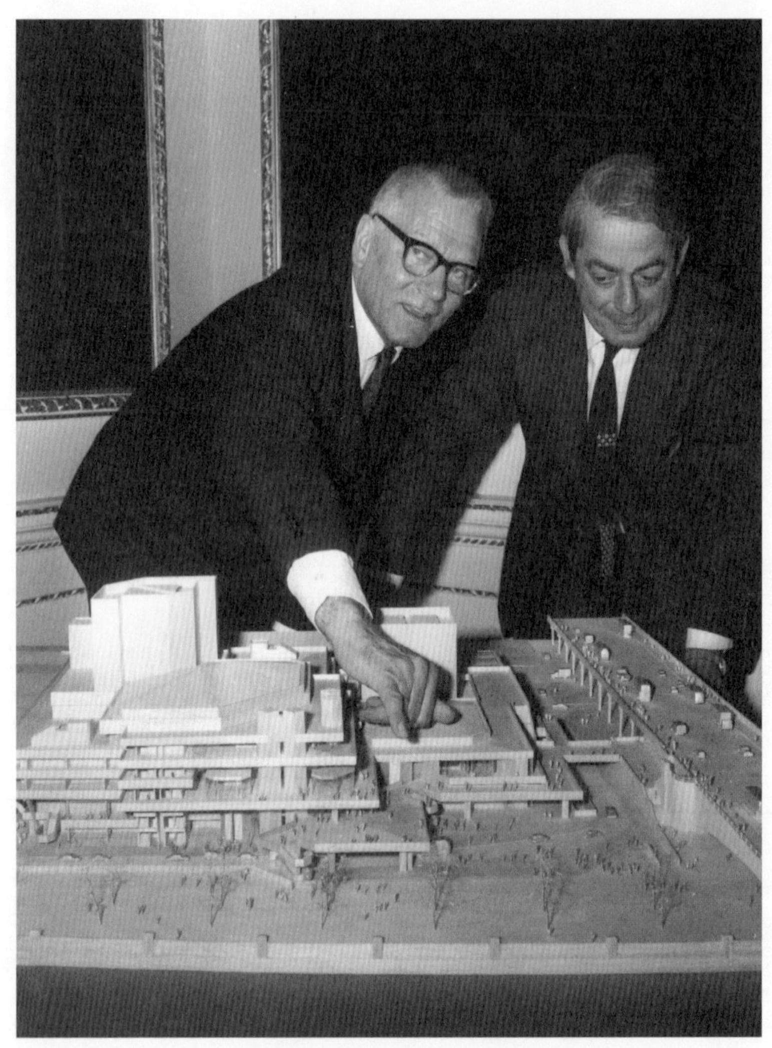

「興奮激昂與心動不已的快樂」：
一九六七年，勞倫斯・奧立佛爵士與丹尼斯・拉斯登的國家劇院。

CHAPTER 9 夢的劇院

在攝於一九六〇年代中期的一張照片裡，有看起來像垃圾場的東西，但其實是一堆倫敦國家劇院的廢棄模型。照片中有一大堆凌亂的波薩木與紙板，你可以從那堆東西中辨認出幾個半圓形的階梯式座席模型和幾個剖成一半的包廂，但大部分只是層層疊疊的廢物和邊角料。這張照片訴說著投入其中的無數時間心力，以及（如果你知道孕育出國家劇院那曲折離奇的漫長故事）英國的保守與輕蔑態度。但經過多年的協商與折衷，確實矗立了一棟偉大的建築。

這棟建築是丹尼斯・拉斯登的作品，模型則是菲利浦・伍德的作品。儘管拉斯登因為倫敦南岸皇家節日大廳旁的粗野主義紀念碑而獲得許多讚譽（和批評），但他認為這麼驚人的建築可以獲准建造，無疑是因為首席模型製作者以3D模型提供了有力的視覺輔助。國家劇院董事會中最有話直說的成員，也是該劇院第一位藝術總監的勞倫斯・奧立佛爵士，並不是能理解「互鎖錯層式抽象主義美學」這種類學術語言描述的人，不過用波薩木做成的縮小版是另一回事。奧立佛在一九六五年寫信給拉斯登：「我睡不著。我為你展示給我們看的絕妙模型感受到興奮激昂與心動不已的快樂。老天啊，如果政府不——不只通過，若不馬上大肆宣揚這個計畫，我想我該放棄一切，去皮特肯島啃香蕉。」

漫長的協商伴著奧立佛的狂喜之情展開，其間光線射穿模型，模型的各部分被舉起來、拆開來，不斷演進。模型裡階梯和欄杆的每一個鉚釘都被仔細檢視。本來預計要蓋一間相鄰的歌劇院，但這個重要部分被移除了，然後劇院的預定地點改變了，使它坐落在泰晤士河畔與天際線上——兩者造成的影響都能在模型上清楚看見。劇院裡的三個表演空間——圓形的奧利佛劇院、擁有鏡框式舞台的萊特頓劇院、擁有彈性可能的寇特斯洛劇院（現在成了多爾夫曼劇院）——都經過各種角度的嚴格審視（今日你仍能完成這項壯舉：最終版本模型被驕傲地放在英國皇家建築師學會波特蘭坊總部的壓克力中）。國家劇院在一九七六年開幕，最初進入的觀眾為建築驚艷，使劇院裡的表演相形失色。

•••

安德魯．加菲爾德、奈森．連恩、丹妮絲．高夫在萊特頓劇院的翼幕裡。時間是二〇一七年五月四日星期四，也就是東尼．庫許納的《美國天使》的媒體之夜演出，這是二十世紀的偉大戲劇之一。問題在於，它是否也將名列二十一世紀的偉大戲劇呢？

在開場獨白之後，舞台上出現奈森・連恩扮演的紐約自大狂律師羅依・科恩（他在打電話，一連打了好幾通電話教訓別人；宇宙在他眼中是個碎玻璃組成的沙塵暴）。下一幕則有丹妮絲・高夫飾演的哈珀・彼特，她是個帶著寂寞與煩寧錠走向瘋狂的摩門教徒（她說：「到處都在崩潰，謊言浮現，防禦系統失守。」）。接下來一幕是安德魯・加菲爾德飾演的普萊爾・華特，他給情人看手臂上如癌變的紫色斑塊，那是愛滋病的一種症狀（「我滿身瘡痍……我的麻煩大了。[1]」）以上都發生在剛開始的二十分鐘左右，在那之後，整齣戲的步調沒有絲毫放鬆，在兩個半場一共近八小時的過程中，帶觀眾前往曼哈頓、南極洲、布魯克林、鹽湖城、幾間公寓、幾間辦公室、一間餐廳、醫院病房，最終來到天堂。六十個場景中包含現實世界與夢境，以及鬼魂和幽靈，而且全都依照實際發生時間演出。這怎麼可能呢？當然仰賴好演技，還有好導演，以及伊恩・麥克尼爾的作品。

這齣劇大獲好評之後幾個星期，麥克尼爾在國家劇院的小房間裡說明，大約在十四個月之前，這些角色都只有約兩英寸高，置身在大帽盒形狀的縮尺模型裡。這齣劇的背景設

1 此處原文為「I'm a Lesionnaire . . . my troubles are lesion.」取legion（眾多）與Legionnaire（軍人）的諧音。

定在一九八〇年代，但裡面的標準人偶外型和那個年代的美國毫不相干。這些人偶反而類似英國王政復辟時期喜劇中的經典角色——大型假髮與浮誇服裝。但也有一個比較纖瘦、頭髮比較灰白也更現代的人偶，穿著剪裁優美的長大衣。麥克尼爾說，「我總是用他，一個像抽象建築般的纖瘦男人。我想他是美國人。」

麥克尼爾當時年齡為五十代後半，是經驗豐富而成就卓越的劇場設計師（或美國所稱的「場景」設計師），而且他可說是個正統派。他的聲譽來自皇家宮廷劇院、倫敦西區、百老匯幾齣舞台劇的眾多作品，他因替百老匯《舞動人生音樂劇》與《玻璃偵探》所設計的舞台贏得了東尼獎。但《美國天使》的設計工作出現了許多錯綜複雜的問題，也涉及觀眾的參與，讓他開始想（所有富才華與創意的人都熟悉這種念頭），他是不是會因為這齣劇而露出馬腳。他說，「只有想著整個製作可能崩解，它才能順利運作。」「演員在上台前會嘔吐也是同樣的道理——自己可能表現糟糕的想法，讓他們變得偉大。」

設計師必須為演出節奏負責，包括動作與時機點。他們也負責觀眾的視角，如同畫家在畫布上引導觀者視線般，引導觀眾將視線聚焦與特寫。麥克尼爾說：「我認為人們對設計師真正在做的事情有所誤解。舞台劇是連續的，而這齣劇非常長。要讓人坐在同一處七個半小時，責任十分沉重，而且老實說，只靠文字無法讓你撐過全場，在萊特頓劇院沒辦法。劇中有一半都是出色的詩句，但必須把它變成一個故事。」

麥克尼爾開始進行這項挑戰時，只靠劇作家的文字指引。「這齣劇以精簡風格呈現，只有極簡的布景，場景切換快速（中間不關燈！）。」東尼．庫許納在劇本開頭寫道：「魔幻時刻……將用一點美妙的劇場錯覺充分實現——意思是如果鋼絲被看到了也沒關係，或許還是好事，但製造出來的神奇效果依然澈底不可思議。」他所說的神奇效果，包括一本突然起火的書、攀升進入天堂的梯子、非常具體有形的天使顯像。除了有一次發生停電的慘劇，麥克尼爾和導演瑪麗安妮．艾利奧特很早就決定尊崇庫許納原始劇本中所有的舞台指示。

為了開始設計工作，他將舞台縮小。麥克尼爾本來如往常一般從在紙上畫草圖開始，但很快就和助理吉姆．加夫尼重拾另一種更能詮釋他們想法的格式：傳統的縮尺模型盒。他們在裡頭建立舞台的主結構，包括真實與想像的場景。麥克尼爾拿起和放下安插在不同深度的薄紙板一邊解釋，這個盒子就像自製的木偶劇。他最後說，這個盒子因為多次實驗和演示，已經「操壞了」。麥克尼爾用這個盒子輔助解釋他對這齣劇的宏大願景，以及針對此劇特定難題的詳細解方。

麥克尼爾受本劇狂亂的特性與巴洛克風格所吸引，讓他想起大歌劇（grand opera）。

他曾在阿姆斯特丹看過伊沃．凡．霍夫執導的簡約製作，舞台大部分都是空的，有一台唱片機播放著大衛．鮑伊的歌，讓他獲得解放，再次考慮採用燈光強烈的現代舞台，至少在劇中部分時間這麼做。開場的幾幕都在靠近觀眾的下舞台演出，有傳統的布景和道具，然後，當劇中的幻覺元素開始發揮，就由後方舞台的開放空間取代。麥克尼爾稱之為「偽裝為極簡主義，實為極大主義」的製作，「用布景對你猛擊，然後又全部抽離。」麥克尼爾之所以走向簡約微小，是為了讓觀眾在離開時留下最強大又難忘的印象，十分典型。

從模型盒可以看到，劇中演員一開始都被三個旋轉的同心圓綁在一起。在圓圈消失在舞台側方與後方（於是露出舞台深處的廣大空間，用以代表一個區域與遠方的鹽湖城）之前，三個圓圈中的角色入侵了彼此的空間——形成一幅名副其實的文氏圖。不久之後，又有另一個驚喜：一個狹窄如岬角的部分在舞台最前端隆起，代表一間病房和公寓。再來還有兩個驚喜：出現一個以霓虹燈為邊框分隔開來、如夢似幻的世界，為這齣劇帶來不同的視覺韻律；另有點綴著燈光的金屬線製品從天花板上懸吊下來。這金屬製品的綽號為「龍蝦」。麥克尼爾說，「我學到如果你要做難搞又昂貴、讓大家都心煩氣躁的大事，就必須把它縮小，給它取可愛的名字。讓你和他們動感情，是讓他們答應的唯一方法。」（「他們」指的是麥克尼爾視線範圍內的所有障礙，尤其是管製作預算和搭景的人員。）

他記得自己在透過Skype給東尼・庫許納看模型時很緊張。「編劇在視覺方面不見得擅長。而且從製作模型盒到應對一大群參與製作的人，兩者之間有很大的距離。我們開始時總是覺得製作模型盒是最困難的部分，但在模型盒階段，我們還是在幻想而已——這是其中的樂趣，但也造成虛假的安全感。」

我問他在展示模型之後的幾個星期和幾個月內，是不是做出了很多讓步。「喔，老天，沒錯，真的非常困難。如果你是演員，有天排練不順，你可以重來一次再改進。但模型不能這樣。做模型對我來說可能非常煎熬，因為我不會無止境地做模型。必須做出一個將搭成舞台的模型時，就像有人拿槍抵在頭上。我做出來，然後接下來幾個月站在旁邊拚命控制自己不要多嘴，因為我想到了更好的點子。」

儘管麥克尼爾才華洋溢又獲獎無數，但在劇場設計以外的世界知名度不高，而劇場設計的圈子不大。不難預料：多數製作小盒子的人都滿足於停留在自己的小圈子裡。一個例外是——你很難講得出其他例子——埃斯・德夫林，她不只被公認為世界上最激動人心又搶手的場景設計師，也是唯一跨越了劇場界線，和肯伊・威斯特、U2、碧昂絲、大都會歌劇院、路易威登、二〇一二年倫敦奧運（她設計了閉幕典禮）等等合作創造出令人驚豔成果的設計師。她也變出許多魔法般的奇蹟，手法常是玩弄巨大或迷你的比例（她為愛黛兒設計的演場會布景中有一隻龐大的眼睛，讓麥莉．希拉在大型舌頭上開場；就算這些表演不在嚴格定義的劇場裡，也戲劇效果十足）。她的作品幾乎都開始於倫敦辦公室裡的微縮模型盒或紙卡或樹脂製成的雕塑，但德夫林的工作與其說是舞台設計，更重要的成分是記憶。她的創作留在觀眾心中，可能在這些作為劇場布景起點的模型已經毀壞、亂成一堆的許久之後，在他們的心中日漸膨脹或逐漸褪去。

德夫林小時候有七年待在東薩塞克斯的中世紀城鎮萊伊（Rye），這個地方造成了永久的影響：她的第一個孩子取名叫雷（Ry）。德夫林在萊伊首次目睹大規模的模型製作，她的視覺想像也在此生根發展。靠近鎮中心的萊伊遺產中心是一座以一比一百比例縮小的萊伊複製品。她回想：「這座模型訴說的故事讓我深深著迷。有鬼故事，有寓言，有屠夫殺死市長的故事。我開始把說故事和模型連結在一起。」她過去住的房子也在那座模型中，當Netflix的紀錄片團隊前來拍攝她長大的地方，他們運用一種特效把她縮小進模型裡，使得畫面看起來像她坐在屋頂的三角牆上。她說，她的心仍晃蕩在那些模型街與模型房之間。她相信，從高處最能清楚看見一座城市的歷史與運作。「如果你由上方俯瞰，要找出其中的模式會簡單許多。」她說。

二〇一八年三月初，馬修．羅培茲充滿野心的新劇《繼承》在倫敦新維克劇院舉行世界首演。劇中檢視了三個世代的男同志，以及他們傳給繼承者的責任。這齣劇有兩個先祖：佛斯特的《此情可問天》和《美國天使》，而且和《美國天使》一樣長，歷時兩個夜晚。此劇的布景由鮑伯．克勞利創造，導演是史蒂芬．戴爾卓，他是麥克尼爾的多年伴侶。

接近第二部尾聲時，我們身在紐約上州。凡妮莎．蕾格烈芙首次登場，飾演瑪格麗特．艾弗里，她在得知死於愛滋病的兒子曾在這區受到照顧後，搬到了這裡。她帶另一個角色參觀兒子逝世的房子，解釋房子的歷史與意義。在原始劇本中，那棟房子是原尺寸的建築，但在這場首演中，舞台幾乎全空，而那棟房子成了一間點著精巧燈光的娃娃屋，裡面有許多虛幻的鬼魂。設計師工作室裡的模型成了舞台上的模型，效果讓許多觀眾感動落淚。

「我們不會為爛家具費這些工。」——維特拉園區內的收藏用品項。

同場加映

二〇一七年，德國的迷你椅

如果你是個設計迷，你很可能非常熟悉Design Addict（設計狂）這個網站，上頭說他們提供關於家具、燈光、餐具、飾品設計師的消息。你也可能注意到網站上有個活絡的讀者論壇，上面不時陷入白熱化的激辯。沒有太多事情比惱怒的設計師更有娛樂效果（或菁英主義或惱人）。幾年前，有一個話題引發了他們的想像，吸引七十七則熱烈但經常拼錯字的評論，主題就是「維特拉迷你椅——裝模作樣的廢物？」。

這句話基於以下前提：生產出二十世紀許多最佳座椅（出自伊姆斯夫婦、維納·潘頓、漢斯·韋格納之手，他們都是二十世紀中期的當代大師）的家具製造商維特拉決定在一九九〇年代製作最熱門作品的縮小版。你或許買不起原版——例如，一九八六年的馬克·紐森洛克希德躺椅在二〇一五年的拍賣上以將近二百五十萬英鎊售出，或一九四八年的原版玻璃纖維伊姆斯雲朵椅，或一張你在〇〇七系列電影中許多地下基地會看到的艾洛·阿尼奧的紅白「球椅」——但你可能買得起六分之一大小的版本。或者你大概還是買不起，因為這些迷你椅也挺貴的。

一號留言者：這裡只有我覺得這是在胡搞嗎？我的意思是，到底有誰會買這些東西？拜託告訴我，我不是唯一這樣想的人。我看到像是經典伊姆斯躺椅要價兩百英鎊！我是說，拜託，哪個神智清醒的人會花這筆錢？

二號留言者：我其實收集了這些迷你椅，但沒有那張伊姆斯躺椅，那是很棒的收藏品，因為我家不夠大，沒辦法買下所有想買的椅子。花兩百英鎊買一張迷你椅和花四千到五千英鎊買一張原尺寸的椅子有什麼差別，你能說兩者不一樣嗎？

三號留言者：我覺得花五千英鎊買椅子和花兩百英鎊買迷你椅一樣荒謬。我是MCM²的忠實粉絲（在這裡不用多說），但不能認同某些設計公司的定價（維特拉就是明顯的例子）。花兩百英鎊買和娃娃屋家具差不多的東西，老實說，我認為這種人錢太多，常識太少。

一九五三年，瑞士的店鋪裝潢業者威利・費爾包在紐約度假時，計程車經過櫥窗裡放著一張伊姆斯椅的商店。他非常喜歡那張椅子，於是和製造商赫曼・米勒敲定要在歐洲展開生產。該在哪裡生產呢？就在他的妻子艾瑞卡繼承的一小塊平坦土地上，位在德國最西南邊的萊茵河畔魏爾，那裡就算在每年春天櫻花盛開時都不是個非常優美的城市（它的姊妹市是比它優美許多的博格諾里吉斯）。但維特拉就在此誕生，費爾包也在此和伊姆斯夫婦及其他相信一張椅子不只是一張椅子的著名設計師成了朋友。維特拉（Vitra這個名字源於vitrine（玻璃櫥窗）一詞）的產品供應辦公室和商店，有幾樣產品進入了那種會出現在知名雜誌上的住宅，後來這些產品就成了平面設計和其他設計師心中的夢幻家具。然後，在一九八一年，正當一切發展順利，而且維特拉從生產椅子擴張到生產其他所有家具時，雷擊造成的火災燒掉了製造廠的百分之六十。這家公司只能重新開始。

如果你有錢的話，重新開始的快樂在於你可以實現願景。新建的維特拉園區就是如此，這裡嘗試用各種形式對設計發出禮讚，這是成人的遊樂場，在這裡，功能遇上了表現主義和最大膽狂妄的建築天才，他們將要打造的建築，在其他地方很少神智清醒的人會允許他們建造。譬如，假如札哈·哈蒂要蓋消防局會怎麼樣？

維特拉園區（稱之為「園區」是因為知識分子可以漫步其中[3]）的原始計畫是塑造現

2 MCM Worldwide，皮革奢侈品牌。

3 園區原文campus亦有「大學校區」之意。

代但統一的外觀，未來有需要時可以進行擴建。其中一個八〇年代早期名號最響亮的高科技人物是英國建築師尼可拉斯．格林蕭，他在那場火災之後幾個月就在那裡建造了他的第一棟建築，兩年後又建了第二棟。這些建築以弧形的波紋鋼面構成，富機能性但依然優雅，準備製作最受歡迎的椅子。但創辦人之子羅夫．費爾包被一位新朋友沖昏頭之後，在園區建立統一建築的計畫就被放棄了。

法蘭克．蓋瑞在受費爾包之邀為園區設計一棟建築（也是他在歐洲的第一棟建築）之前，他已建立了頂尖後現代主義者的聲譽。事實上，他為園區設計了兩棟建築：分別是工廠和博物館。其中，博物館在一九八九年開幕，是一棟白色大樓，戲劇性的曲線彷彿持續流動，自由奔放。這棟建築直接影響了蓋瑞後來設計的畢爾包古根漢美術館及洛杉磯華特．迪士尼音樂廳當中所蘊含的動態活力。

由於蓋瑞的建築和格林蕭如此不同，園區的路線在此刻定調：從此以後，每一棟建築都有充滿野心的建築師打造的大膽外觀。並非所有建築構造都是全新的——有些較小型的建築，例如尚．普魯維的加油站由外地輸入，再稍微修飾外觀——但都會加入這不和諧的視覺劇場。今日，一位訪客可以遊覽這二十五年的實驗場，沉浸在困惑、筋疲力竭與欣喜的感受中，就像在一天中造訪龐畢度中心、現代藝術博物館、泰特現代美術館。

一九九三年，一幢建築物讓維特拉出名了。札哈・哈蒂真的蓋了消防局，而且那是她職業生涯中第一棟完成的重要建築。那裡專門用來放置維特拉的消防車，以避免另一場災難，但不久後，可以明顯看出哈蒂對起火的興趣高於滅火。很快地，防火措施就由附近的服務中心提供，把消防局的空間留給藝術展和宴會，讓大家欣賞哈蒂不凡的作品——一層層尖銳傾斜的水泥牆、不尋常的消失點，使得建築結構在不同視角看來完全不同。無論在建築內外，都令人頭暈目眩，覺得自己身在一個想證明些什麼的標新立異者所設計的建築裡。來自世界各地的學生在此驚訝得下巴都掉到了木質地板上。

維特拉的管理團隊振奮於眾人的迴響，但也日漸擔憂資產負債表上的數字；維護精采的建築、在博物館舉辦企圖心愈來愈大的展覽，變成了成本高昂的事業。於是，在一九九〇年代中期，他們開發出另一個收入來源，決定把椅子做成微縮品。

二〇一七年初，維特拉設計博物館共同總監馬特奧・克里斯在他園區內的辦公室告訴我：「我們不會做成爛商品，而是做成正經的教具，你可以從中學到東西。」原始的椅子是設計來供人坐下和目瞪口呆的，迷你椅不一樣，主要是設計作為給學生的教育工具。看到六分之一大的椅子，可以帶觀者回到設計剛剛起草、伊姆斯夫婦認為把他們簡單鑄模的玻璃纖維座椅做成搖椅是個好主意、還有哈利・伯托埃覺得以金屬絲製成鑽石狀的椅子將歷久不衰的那些神奇時刻。一張迷你椅讓設計師在彎折、黏合、拉長材料時的挫折變得可見，而且可能啟發你做同樣的事。椅子以平裝書的尺寸呈現時，一切忽然都合理了。

克里斯受過藝術史學家和社會學家的訓練，他的整個專業生涯都與維特拉為伍。他說，向小椅子學習無可避免要付出代價。以一比六的比例縮小時，有一些技術細節比原尺寸更難掌握，這可以解釋為什麼一張迷你凡德羅巴塞隆納椅要價約三百英鎊，以鋁鍛造的紐森洛克希德躺椅則將超過七百英鎊。

克里斯說：「會這樣定價是因為我們使用與真實椅子相同的材料，而且如果是娃娃屋家具，材料不重要，但這不一樣。可是，我們很快就發現一些問題：如果把大椅子使用的同厚度皮革用在質感相同的小椅子上，看起來會很笨重，太厚也太僵硬了。所以我們必須取得新材料。」木材、玻璃纖維、眾多螺絲釘也是一樣，都必須更輕、更緊密、更纖細。

克里斯辦公室的牆上有一張海報，可以看到維特拉各式各樣的椅子，你很難在欣賞時不選出自己偏愛的作品。「我經常被問到這個問題，但從沒準備好回答。」他說。但今天是個例外。「對我來說特別傑出的是——格里特．瑞特威爾德以鋁片折成的鋁椅（一九四二），領先其所處的時代。還有這個，馬賽爾．萬德斯以碳纖維和芳綸製成的繩結椅（一九五五），浸泡於環氧樹脂之後再像晾衣服一樣晾乾，就完成了用掛毯構成的椅子。」假如要選出一張有名又受歡迎的椅子呢?「我會選這張，伊姆斯家具的起點——他們為紐約現代藝術博物館競賽設計的高背有機椅（一九四〇）。你可以回溯那第一張椅子，發現後來的作品有多少元素都直接演進而來。」

克里斯的海報上有兩百二十四張椅子，其中有大約六十張的微縮品在他辦公室旁邊的商店販售。這些作品始於卡爾・腓特烈・辛克爾一八二〇年製作的花園椅，結束於布胡列克兄弟二〇〇八年全圓形的蔬適椅（Vegetal Chair），沿途還有歷史主義、新藝術運動、包浩斯，以及許多六〇年代用塑膠製的實驗作品。這個系列還持續發展中，很快就會出現3D列印椅。

只要你進入維特拉的商店，把六十張椅子當中的任何一張捧在掌上，你就會想買下全部，捨棄一切，沒錢吃飯也無所謂。這些椅子作為教育工具的最初目的已被極高的可欲求性取代。迷你椅集合了所有微縮品值得收藏的關鍵元素：它們本身就是精美的物品、細節精確、供給有限，而且由於價格高昂，不是人人都可以擁有。迷你椅也完全無用——你不能拿來做任何事情，它們本身沒有價值（除非你和其他也迷上這些東西的人交換），只有超級受虐狂才會坐在上面，尤其是瑞特威爾德的紅藍椅，就連原尺寸的扶手都很窄。如果你真的買了一張迷你椅，簡介單上更證實它「**僅供裝飾**」。我問克里斯為什麼迷你椅為什麼被這麼多人垂涎，他的答案聽起來像僵屍科幻片台詞：「你擋不住他們的！」他說。

同時，回到論壇，第四號留言者解釋道：

坑錢啊。我剛在ebay上看到這些小惡魔時，以為是真的椅子，於是對我自己說那椅子賣那個價錢看起來很划算，結果是個傻氣的微縮品。

五號留言者：那確實很令人喪氣。我從來不懂這些微縮品，如果它沒有功能（不能用於生活、不能坐、不能吃……），還剩下什麼？某方面來說，微縮品有點貶低設計師，他當初結合不同的想法與原則，才創造出不可分的整體性。

六號留言者：我認為這等同於雕像對某些人的意義——尤其是設計師或建築師。他們喜歡看這些東西。為此揶揄別人有什麼樂趣？仔細想想，迷你椅和任何其他種類的縮尺模型並沒有太大差別。

再說——我真的覺得詭異、花錢又讓人不屑的是為此刺青，好比有人把伊姆斯的躺椅刺在身上。

七號留言者：我沒有見過全部的迷你椅，也沒擁有任何一張。但我大學辦公室的同事在架子上放了六張迷你椅，我必須說，那些椅子品質超好。恰好精細到完美的程度，但不會過分到開始看起來傻氣或像娃娃屋，有些真的讓你納悶他們怎麼辦到的。從人類到地球其他萬物都天生受微縮品吸引，這也許和我們想控制或支配的傾向有關，或者只是需要玩具，我不知道？我們不妨問問在室內放了八個地球儀的人？但我肯定多數人絕不會因為聽到理性論述而動搖。這全都出於感性，天知道我們要為感性付出多少？

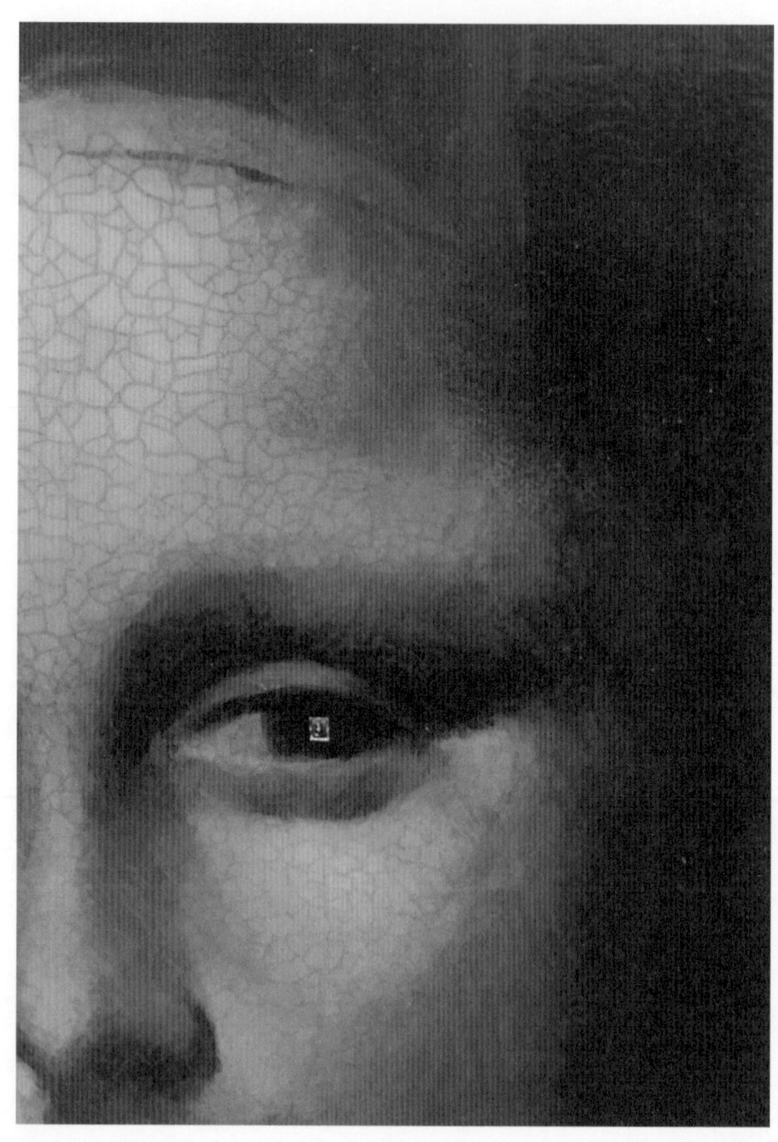

CHAPTER 10 我們的迷你自我

二〇一七年夏天，我在梅費爾的一間私人藝廊與一位叫威拉德．威根的人相遇。我們握手之後——他的手很大——他遞給我一副鐘錶匠的眼鏡，帶我到藝廊後方牆上一幅熟悉畫像前。那幅畫是〈蒙娜麗莎〉，出自約翰．梅耶特之手的原尺寸當代臨摹傑作。她的眼裡有個東西。

透過那副眼鏡，可以看到她的眼睛裡有另一幅〈蒙娜麗莎〉。這幅的尺寸小於一平方公釐，只是個小小的點，就單眼可以識別的程度，幾乎與原畫一模一樣，包括畫框。以一百萬英鎊販售這幅雙重蒙娜麗莎的公司三一畫室，發了一篇新聞稿，宣稱威根的微縮品「用蒼蠅的毛畫成」，但創作者本人告訴我不是這麼一回事，「我用自己的一根睫毛。」

六十歲的威根說他並沒有真的「畫出」作品，因為顏料會移位，他是用刺的。創作〈蒙娜麗莎〉時，他不只用了一根睫毛，還用一小段尼龍線沾油畫顏料。他經常用自己擊碎的鑽石碎片當切割工具。「我做的是操縱、雕刻、切割、鑿臽。針對〈蒙娜麗莎〉，我首先勾勒出畫框，然後必須確認裡面容納得下她。我不認為達文西有這麼做。」威根說他總是掙扎於顏料的厚度，以及費時十週建構出的各元素之間的比例。他有時候會發現必須將作品的表面銼平，因為主角的胸膛相比臉部顯得太突出了。「而且我得一直把嘴巴闔上。」

當你透過眼鏡看那幅畫，或以微距鏡頭拍下來，可以看到它粗略的色塊組成與原畫相像；事實上，它就像由果凍組成的原畫，全部都是碎點。但任何更高的期待就是在期待某種機械化的相似性，雖然不是毫無意義，但是這位微縮藝術家堅稱那不該存在。他希望自己的作品反映出人類的脆弱，尤其是人類雙手的脆弱性。

令人高興的是，威根來自沃夫漢普頓的溫斯菲爾德。他一直保有黑郡口音。他打扮時髦，灰西裝上插有做作的緋紅色口袋巾，敞開的領口露出一條粗金鍊。他眼袋像新月，說話輕柔而審慎措辭，與他的專業相稱。他的專長是把自己的雕像放在針頭或縫紉針針眼上。（這使他可以被歸類為微微縮創作者。微縮創作者和微微縮創作者之間涇渭分明：你必須用顯微鏡才能欣賞後者的作品。）威根最為人稱道的針內作品是他對〈最後的晚餐〉的詮釋，畫中的耶穌和他的門徒排成一列，就像米開朗基羅的作品那樣。他也在針裡放了一排駱駝、《星際大戰》的主角，還有亨利八世與他的六個妻子。

你觀看那作品的方式就和它被創造的方式一樣——透過顯微鏡——每次觀看都讓你發

出驚喜的歎息。（但你在歎息時必須小心：威根製作同樣在針眼裡的〈瘋帽午茶派對〉時，曾在錯誤的時機呼吸，結果發現他不小心把花費幾週心血的愛麗絲「吸進去」了。）

威根說他在雕刻時憋氣，但他聲稱自己「在心跳間隔工作」這點比較難以理解。威根告訴我，他很討厭畫〈蒙娜麗莎〉，創作其他作品時也不怎麼享受。他一直說自己這樣下去可能會進瘋人院。他說他享受作品完成的時刻，還有工作帶來的讚譽（與奢華的生活）。他已經習慣人們在起初驚訝於他的天職之後，詢問他到底為什麼和怎麼開始這不尋常的嗜好。答案是不快樂的校園生活。

「我在學校過得很糟，總是被人羞辱。我有輕微自閉症，無法隨心所欲表達自己，老師又讓我感覺卑微。我很想在地上鑽個洞躲進去，不讓別人看到我。」他說他經常翹課。「我躲在我的花園裡，看到一些螞蟻，我以為牠們因為被我挖出來而無家可歸，覺得很難過。我當時五歲。我找到一小塊刀片，撿來一些木頭，開始為牠們蓋一棟房子。接著，我為螞蟻製作家具、蹺蹺板、鞦韆。」

他記得，當母親看到他製作的微縮品時，覺得不可置信。據說她後來用美好到不真實的措辭說：「你把東西做得愈小，你的名聲就會愈響。」（此刻，以及我和威根相處的其他時刻，他都讓我想到職業摔跤手；不只是他製造的娛樂效果帶來的無窮樂趣，也包括他那天花亂墜的藝術家言談。他的作品不可思議，也很脆弱，我有時懷疑他故事裡的元素是否也有點牽強，或至少經過誇大。）

威根對我說：「我想展現虛無。我想讓人們看到我們來自這樣的分子層次，而虛無是如此巨大。我們忽視看不見的東西，但你看不到某個東西，不代表不存在。你看不到風。」威根從螞蟻家具開始，繼續在牙籤上雕刻碧雅翠絲．波特創作的角色，刻出逼真的小兔班傑明和母鴨潔瑪。一九九九年愛德華王子與蘇菲．瑞斯─瓊斯的婚禮讓他達到大突破。「我在一根火柴上刻出他們兩人，並命名為〈完美火柴〉（*The Perfect Match*）[1]。電視台對此非常感興趣。」

到現在，只要委託他創作，已經沒什麼東西會被拒絕了。他已在一根針上完成自由女神像、在一根針裡登月的阿姆斯壯，以及也在一根針裡的歐巴馬。他在一個針頭上描繪出拳王阿里在拳擊台上大戰桑尼．李斯頓。我和他碰面時他正在一粒沙上製作全副武裝的理查三世。他在梅費爾給我看〈蒙娜麗莎〉後不久，從口袋中拿出裝在圓形塑膠盆裡、黏在藍丁膠上的泰姬瑪哈陵。塑膠盆約只有襯衫鈕釦大，泰姬瑪哈陵則和米粒差不多大。

威根說他覺得艾菲爾鐵塔對他來說太難了，因為有那些金屬網格，而且他已經在嘗試雕刻出DNA雙股螺旋時失敗了。他下一件要做的大事是在某品牌手錶中置入一個特別的東西。我和他碰面時，他戴的手錶裡有一台自動鋼琴。「別小看少這個字，」他在我離開時說，「因為我的意圖是要讓人們明白多。」

威根聲稱他的靈感源於自身，但在他之前確實存在先例，其中最了不起的是一個名叫哈古普・桑達爾迪昂的人。桑達爾迪昂一九三一年生於埃及，一九九〇年在美國過世，在這兩個年份與國家之間，他活出充滿原創性、堅毅與耐性的一生。他在十七歲和家人一起搬到亞美尼亞，成為技藝高超的音樂家，專精於小提琴和龐大的五弦大提琴。一個向他學五弦大提琴的學生引領他進入微型雕塑和微型繪畫的世界（這個學生專精於在米粒上繪製肖像），他馬上覺得把這個當成消遣活動，或許可以增進耐性及提高演奏的精準度。但他直到一九八〇年代搬到美國，才認真投入這項嗜好，買了倍率一百二十五倍的顯微鏡，買黃金、紅寶石磨成粉，他接著會在一縷從畫筆和自己漸禿的頭側邊拔下來的毛髮上把這些重組為迷你人偶。他雕刻了底座上的誇張版拿破崙、黃金耶穌受難圖、教宗若望・保祿二世手握十字架祈福。但他也很喜歡迪士尼，或許期待造成熱銷：他製作出針頭上的米老

1 Match有匹配與火柴的雙關意涵。

鼠、唐老鴨、高飛，但他目前最驚人的作品是白雪公主和七個小矮人並列在一根針上保持平衡。這些角色都展現出他們為人熟悉的靦腆、迷糊或愛生氣特質。（威拉德．威根後來也想到同樣的點子，但把小矮人做得更小。）桑達爾迪昂也在米上雕刻素描，尤其是他自己的肖像，還製作了三十二分之一英寸大的黃金小提琴。小提琴的琴頸斷了，放在一旁。他稱這個作品為〈破碎的夢〉，但他也在一縷毛髮上刻了一則訊息，寫著：「願你一切美夢成真。」以為呼應。桑達爾迪昂如果知道法國哲學家巴舍拉提倡的理論，大概肯定會表示贊同。他寫道：「我能愈聰明地把世界微縮化，就愈能掌控世界。」

照片上的桑達爾迪昂是個有著大大微笑與寬鬢角、衣著講究的人物，而且雙手十分粗短。他

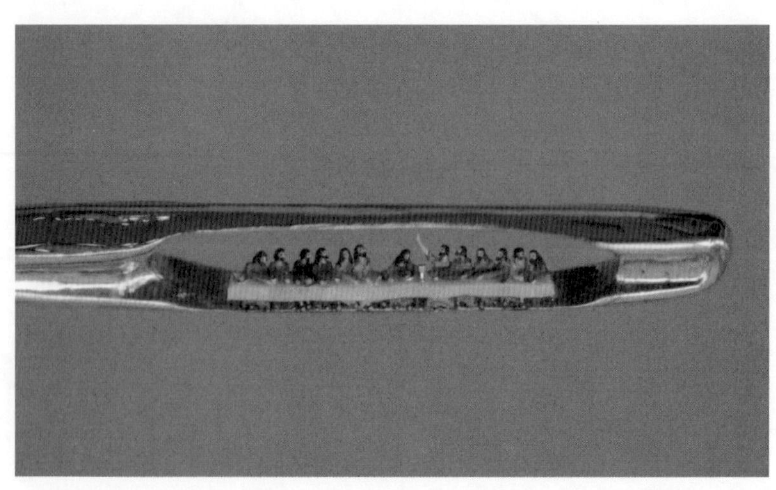

創建了後繼者也樂於採用的技術：他多半在夜晚工作，氣氛較為寧靜，路上的車聲也慢了下來；他試著在心跳間隔工作。他有時候用耳機聽巴哈鎮靜神經。根據他的敘述，就算在那些時候，他都有好幾次因為不幸的意外，包括因為呼吸而造成重大損失。因為害怕壓壞，顯微鏡頭下的半成品從來無法受到妥善保護，結果作品常被吹走；剛開始他還花數小時在桌上和地毯上找，後來乾脆放棄。他學著在面對損失時保持豁達，因為不管這些東西在我們看來多麼美妙又奇異，但其實都可以重新製作，而且可以做出更好（或更小）的版本。他曾說，「人類和機器的差別就在於創新精神，人是真正的科技。」

倫敦海沃德美術館館長雷夫．魯戈夫於一九九〇年代中期寫到桑達爾迪昂的作品，他因為桑達爾迪昂的微微縮世界與純粹微縮品之間的差異之大而留下深刻印象。微縮品帶我們到一個「比我們原本所處世界更精準並以更高明方式闡釋」的世界，他相信那提供了「閃閃發光的理想」，一個充滿魅力的避難所，讓我們逃離日常經驗中的失敗。當然，我們不只看到更小的東西，還看得更清楚。縮小之後，價值變得「異常豐富」，而我們的目光獲得了「集中的力量」。

但微微縮品幾乎隱形，在現實世界中創造出「沒有影子的空間」。我們肅然起敬又不知所措，這是其他如模型火車組之類的東西從未造成的效果。透過顯微鏡看桑達爾迪昂的作品，他的創作似乎進入了我們自己的內部空間，而且「我們感知到的物體虛幻得驚人，以至於我們可能傾向懷疑，在我們心靈風景之外，還有哪裡可能存在這樣的東西」。甚至，魯戈夫推測微微縮品使我們期望在居住的世界裡製造出其他宇宙。「世界上是不是存在微型交響曲，只是我們不知道自己一直聽不見？神祕主義者的沉思默想中是否藏有真理——他們懷疑構成宇宙的每個原子都包含了一千顆太陽？」更實際的是，微微縮品可能確實可以引導我們思索直到近期才開始得以探究的人類的組成，以及這一切如何鑲嵌在一縷DNA中。（威拉德．威根無法在微小尺寸雕刻出雙螺旋，或許毋須意外；那就像是要用微型雕刻展現整個世界。）

桑達爾迪昂有三十三件微型雕塑留存了下來。他似乎一件都沒有賣掉，除了一件作品之外，全都收藏在洛杉磯的侏儸紀科技博物館。那唯一的例外是他過世時還未完成的作品——十八世紀神學家塞巴斯蒂的默基塔爾的肖像，是桑達爾迪昂在埃及上的教會學校的精神領袖。那是他嘗試過尺寸最小的作品，被那間博物館描述為「就連在顯微鏡下都幾乎看不到」。這讓我們想知道，藝術品可以縮小到什麼程度而不危害其存在，甚至其用處。不為其他目的進行微縮創作可能讓人覺得可疑：微縮創作不是該帶來樂趣，或讓我們明白更多真理，或以某種方式逗人開心？至少，它難道不該為創作者提供樂趣嗎？

美國雜誌《果殼新聞》裡樂趣洋溢。這本雜誌在一九九〇年代停賣，但在那之前二十五年持續按月提供讀者微縮世界的最新消息與八卦，透過刊內社論扮演啦啦隊的角色，激勵訂閱者在玩娃娃屋時追求更高境界的喜悅。例如，一九八四年九月，雜誌提供了建議，關於怎麼用最棒的手法歡慶並以一比十二的比例縮小巴伐利亞啤酒節。你會需要膠水、鑷子、甘皮剪、尺、紙、膠帶、牙籤、X-acto牌刀片、鉛筆、蠟紙、棕色和紅色的Fimo模型軟陶、木棒、鏤鋸、平光壓克力噴霧或固色劑、以及直腳釘。一旦把這些東西找齊，你就可以做出黑森林蛋糕（用鏤鋸「切下八分之三英寸」厚的木棒片）、紫甘藍和餃子（「滾一些小軟陶球，但別浪費力氣滾太圓」），還有酸菜和香腸（「混合三種不同深淺的棕色軟陶，先從純棕色開始」）。**開動囉！**

《果殼新聞》的讀者不是小孩，但他們是大家庭的一分子。這本雜誌裡的另一處有一封信譴責迷失的微縮社群。「微縮世界……由互助合作並交換點子的人組成。」加州皮寇里韋拉的提莉寫道。但情況變了。「隨著微縮世界的發展，出現一些愛批評他人、不總是對人伸出援手的人……」提莉希望重回往日。「這項嗜好就像一縷陽光——應該為我們忙碌的生活帶來喜樂才對。」

這個歡樂世界肯定已變得商業化。一個人可以用一根木榫做出巴伐利亞大餐，但到了一九八〇年代也可以買到幾乎所有東西的現成品。納許維爾的「貝爾維微縮品」公司販售一籃蘋果和桃子，要價十一美元，「安修女的生日蛋糕」也是一樣的價錢。伊利諾州文納特卡的「小小世界」提供裝著保溫杯、杯子、茶碟的迷你野餐籃，要價十四美元。北好萊塢的「凱西・安的微縮品」專賣水果蛋糕、馬芬、多層婚禮蛋糕，有超過五十種設計可供挑選。

這些供應商就像支持他們生意的雜誌一樣逐漸消失不見（或至少網路上找不到他們的蹤跡）。但數位世代並沒有如人們所預期的加快這項嗜好的衰落，反而以許多方式增進發展。許多網路論壇的主題聽來都很熟悉——鐵道、船艦、飛機——任何一種愛好都有一千支教學影片。在這些數位微縮狂熱中，有一種是關於真實可食用的微縮食物，沒有任何合乎邏輯的理由可以解釋這件事情。在YouTube搜尋「miniature cooking」（微型烹飪），會出現三十八萬四千筆搜尋結果，這已經夠驚人了，但這個數字當中某些影片的統計數字才荒謬：例如，有段影片是一個人在日本用紅蘿蔔和青花菜製作迷你蛋堡，在上傳不到一年就有一千六百六十萬的觀看次數。

這些被觀看超多次的影片（大概為製作者賺了超多日圓）由自稱「Miniature Space」

（微縮空間）的人製作。（微縮空間也販售他們在影片中使用的爐子和刀，而且十分暢銷：爐子的價格約為兩百美元，刀子為一百美元，還有幾個模型已銷售一空，推測有許多人嘗試在家做這些迷你餐。）儘管微縮空間以日本為基地，但他們的菜色非常多元而國際化，所以我們可以學到怎麼做迷你奶油培根義大利麵（觀看次數六百八十萬）、一碟淋上糖漿的鬆餅（觀看次數一千一百四十萬）、附糖霜的「法式經典巧克力蛋糕」（觀看次數二千二百七十萬）。影片長度通常介於三至十分鐘，大致上，愈短的影片觀看次數愈多；有些人就是對於幫迷你食物削皮或等迷你料理收汁沒有耐性。儘管如此，自微縮空間在二〇一四年十一月第一次點燃迷你爐火以來，影片觀看次數總共已達到三億兩千四百萬次。

有任何心理學理論可以成功解釋迷你烹飪的爆紅嗎？或者這只是微縮世界的冰桶挑戰？這些食物本身並無過人之處，若做成普通尺寸沒有人會注意。這份著迷有部份來自準備過程。所有東西的尺寸都縮小了——砧板、**各就各位**（法語：*mise en place*）的廚具、秤、鍋鏟、餐具、濾盆、爐具（用小蠟燭加熱），更別提還有切好的食材——為其提供了內在邏輯，這在微縮世界裡一向是不可或缺的。其吸引力也在於你眼中為硬幣大小的歐姆蛋捲翻面的那雙手沒有名字；主角是食物，不是主廚，在當代十分難得。而且那雙手展現出對這項技藝的愛，在在顯示出這是名業餘者。再加上，最重要的是，這食物很迷你！影片底下留言欄的反應從「哇——」一直到「太扯了！」其中一位網友在看完「蛋糕」（法語：*Le Gâteau*）之後用法文寫下「**這個小型烹飪模型做得太好了**」，但多數人只常常說「可愛」，或「好～可愛～」和「好～～～可愛～～～～！！！」

你必須要有漂亮的指甲和穩定的雙手才能好好展示這過程。但我對這些影片最持久的記憶不是靈巧的動作或廚師的耐性，甚至也不是兩根普通尺寸手指的指尖抓著湯匙時，那湯匙看起來小得愚蠢。在我心中長存的印象是那些食物看起來真好吃。你可以試試看，能否看著

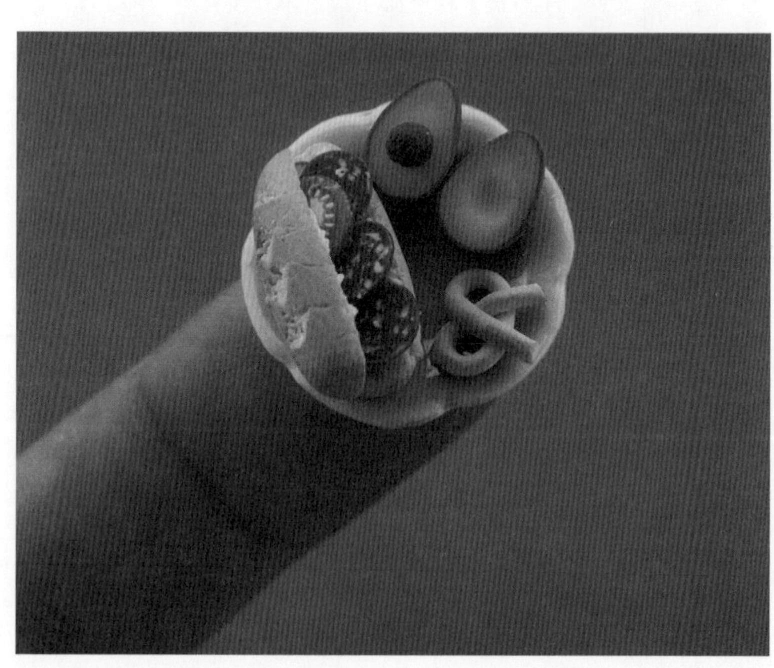

「minibuncafe」（迷你圓麵包咖啡廳）頻道裡的粉紅康乃馨翻糖婚禮蛋糕十分鐘而不流口水，或不去找甜食吃。或試試看能不能在觀賞著這些迷你甜食或糖醋雞丁的製造過程時，不去想著要叫一份外賣餐點。這些創作的唯一問題在於一切別出心裁的設計都可能被一口吞下。那咖哩中的羊肉被切成小塊，加入各種濃烈的喀什米爾香料細火慢燉，米飯也加了雙倍香料，但到了用餐時間卻幾乎裝不滿一根母匙。

一朵青花菜還有其他用途。在微縮世界裡，青花菜可能變成一座森林，蘆筍變成一排高大的樹，倒過來的蘑菇則變成一艘漁船。至少在來自日本九州的攝影師田中達也敏銳的心靈世界裡，這是有可能的。田中在二〇一一年開始名為「Miniature Calendar」（微型日曆）的計劃，每天在網路上傳新照片。你現在仍可以在Instagram追蹤他的作品，加入超過一百萬個追蹤者夥伴一起追尋**見立繪**——一種以創作小物件指涉較大物件或其他事物的工藝。但談到微縮對比這種不只讓你多看兩眼，還對於比例的概念與其中的強烈詩意多想兩回的藝術，大師是個名叫斯林卡丘（Slinkachu）的人，他在自己的網站上宣稱他自二〇〇六年起即有意識地「拋棄」微縮品。

斯林卡丘這個名字可能來自寶可夢裡的角色，也或者和南韓流行歌手有關。事實上，斯林卡丘出生於德文郡，現在年近四十，本名是史都華．潘托，這些是關於他最無聊的訊息。最有趣的是他的作品，他總是把作品交給未知的命運，可能由清道夫和好奇的流浪狗隨機處置，或被人任意踩踏。有時候，只是一陣狂風就可以把它們帶走。斯林卡丘的作品將微縮創作帶到游擊藝術的領域。最棒的在於這些作品既詼諧又動人，而且經常暗指社會中的弊病。他的人偶之所以脆弱，不只因為尺寸，也因為它們的處境。斯林卡丘的作品通常看似真實，並闡明人類的處境，以這麼小的作品來說是難得的成就。多小？一英寸左右。

觀賞斯林卡丘的藝術品時，看到的很少是原作；你看到的是一張照片，而原作早已留給城市街道的命運來決定了。（他的作品遍布世界各地，儘管有時候他會被拿來和班克斯比較，兩人的主要共通點是無法預測他們的地點。就像班克斯的作品，斯林卡丘的作品一旦安置到某個地點，你就不可能想像同樣的作品出現在其他地方。）斯林卡丘已發表了幾個系列作品，雖然主題偶爾重複——社會失序、在高同質性的世界裡要求個體性、在充滿威脅的氛圍下追求享樂——每張照片似乎都負載著獨特而深刻的背景故事。孤苦伶仃的男人坐在成人尺寸訂婚鑽戒的邊緣，悲傷的圖片說明寫著：「No.」。拿著大衣和包包的女人沿著一包薯條走著，面容看來意志堅定，圖片說明寫著：「總有一天他會注意到我。」另一個女人面對金屬柱上的粉紅色告示，上面寫著：「肥胖？今天就減掉幾毫克！」穿著灰色雨衣的男人站在公共電話上面，向上注視著紙製電話卡，卡片上寫著：「性感、淫穢、迷你——模型村最優美女」和「超限制級迷你版」（還有另一張寫著「真正的『小』美女，無整形」）。

我們從哪裡開始，就在哪裡結束——艾菲爾鐵塔。斯林卡丘最悲傷的相片之一是雙手放在臀部上的男人站著販售紀念品。他正販賣四座艾菲爾鐵塔的模型，呈深淺不一的金色和銀色，每一座鐵塔都比他大四倍。但生意不好做，他做了個寫著「半價」的告示牌。這張照片攝於巴黎的窗台上，男人和他的裝飾品後方隱約就是艾菲爾鐵塔，雖然影像失焦但一如往常地呈現剛灰色，看起來就像宇宙裡最高的東西。這個作品的名稱為〈規模經濟〉（*Economies of Scale*），一次呈現出一則雙關語、一份失望沮喪、一種當代窘境。觀看斯林卡丘的作品可以非常迅速地扭曲一個人的觀點。不久之後，微小變成常態，只是略小的東西則顯得巨大。在另一張照片中，兩個男孩正準備從橋上往底下的車流扔一塊樂高積木，那是一塊有著八個圓點的普通尺寸積木，相比之下就像一棟房子那麼大。還有一張照片裡，兩個小孩進入遊戲間，但那是個標準規格的香菸空盒。

這些是我對他作品形成的詮釋，你可能有不一樣的詮釋。當我問他是怎麼開始的，斯林卡丘說他只是覺得這件事很有趣，在街上放些塗了顏料的小人偶，看看誰會找到。他開始於二〇〇六年，當時甚至沒有拍攝，但他觀察到路人的反應後，發覺這也有成為敘事的潛力。「看到街上『迷路的』人偶似乎激起了大家的同理心。」他回想。他相信微縮品「讓人產生想要救援與照顧它們的欲望，就好比我們會想這麼對嬰兒或小動物。至今仍有很多人問我怎麼可以把這些可憐的小人留在街上。我猜如果我可以使得別人問這個問題，如果我可以讓他們相信這些沒有生命的塑膠人偶真的活著，作品的任務便已圓滿達成。」

一旦有故事要說，斯林卡丘就開始了幾步驟的歷程。使用和改造原本為模型鐵道設計的標準德國製人偶，將這些人偶放置在環境中（或許是一個水坑，或者金屬柵欄的尖端旁），然後是攝影，而且經常要為了角度正確而平躺在地上。斯林卡丘通常用兩張照片來描繪一個故事——一張特寫、一張提供脈絡。故事的重點——可能是個玩笑或對社會的消極觀察——只在兩張照片一起看時才會顯現出來：一個貝都因人在沙漠中騎著駱駝在沙丘上，結果其實是一個貝都因人騎著駱駝在卡達多哈街上的一堆建築用砂石上。

他的作品標題通常和照片不一致，引人產生強烈的感受。「小」很少是美的。男人在一株盛開櫻花樹的細枝上吊（〈美好世界〉）。其他照片則以說明文字提供充分解釋：粉色棒棒糖從高處落下，砸碎了奧迪敞篷車的擋風玻璃，駕駛看起來氣壞了，圖片說明為：「該死的小鬼」。一張照片裡，父親用獵槍瞄準一隻蜜蜂，並告訴身後的女兒：「蘇珊，那不是寵物。」

斯林卡丘告訴我：「這些作品永遠有降級到『可愛』範圍的危險，我試著顛覆或操控觀眾對我的作品和各種微縮事物的反應。」他的作品也有被用來滿足戀物癖的風險，或也許是樂趣。他發現自己的攝影作品被上傳到戀巨人癖或戀小人癖的論壇，即針對特別巨大或迷你的人的性癖；他推論，人們藉由這麼做來玩弄傳統上微縮品帶來的支配與控制樂趣。

斯林卡丘說：「我面臨的挑戰是持續為作品注入意義，以及探索真人尺寸的議題。我希望人們在這些人偶上看到自己生活的倒影，看到他們的恐懼與挫折。」這是斯林卡丘作品的真正價值：不在於人偶的尺寸，也不在於他將人偶並置於地景形成對比，而是這些人偶壓縮與探索的情緒。就像世界上許許多多有意義的藝術，微縮品告訴我們關於我們自身的故事。

後記　今年的模型

微縮品現正當紅。

潔西．波頓深受喜愛的小說《娃娃屋》[1]大為暢銷並由英國廣播公司翻拍為影集。二〇一七年三月，舉行於馬斯垂克的歐洲藝術博覽會最受矚目的拍賣品是一幢十七世紀晚期的荷蘭娃娃屋，裡頭包含兩百件銀飾（賣方開價一百七十五萬歐元）。二〇一八年一月，馬里蘭州有一個十九世紀的法國瓷娃娃以三十三萬三千五百美元賣出，破了洋娃娃在拍賣會成交價的世界紀錄。電影院裡上映著五英寸麥特．戴蒙主演的《縮小人生》，他發現「休閒國」承諾帶給他的夢幻人生（「縮小以後——人生更寬廣！」）並不全是他所想要的。而樂高電影經銷商正進行第四度真人化：繼《樂高玩電影》、《樂高蝙蝠俠電影》、《樂高旋風忍者電影》之後，我們可能很快就會看到《億萬積木大賽》。

1 此書繁體中文版由麥田出版（二〇一五）。

（我沒有在本書中更加突顯樂高，是因為我從來不是樂高迷。我因為樂高的無所不在、極端精確、可以放進洗碗機而毫髮無傷而感到不信任。你可能有不同的感受，但對我來說，玩樂高既拘束又壓抑，就像電腦遊戲一樣經過計算。我不禁感覺自己是行銷策略的一環，而這不並是你通常會在微縮世界裡經驗到的東西，也不讓我感到溫暖健康，而是強迫而不快。本書談到的所有微縮作品幾乎都展現出豐富的獨創性與創造力，並經過精雕細琢，不過在玩樂高時，一個人的創造力被小心架構，挑戰早已決定，不管一塊塊的積木有多少種排列組合都一樣。我朋友強尼・戴維斯於二〇一七年為《觀察家報》造訪丹麥比隆的樂高總部時，發現這家公司每天製造一億兩千萬個積木，有可媲美蘋果公司的重生故事，還一心一意要成為世界上最強的品牌——你可能會想，這件事很難量化和證明，但看來樂高最近已辦到了，成功擠掉了法拉利。[2]「建造比隆是為運轉，不是為了討人歡心。」樂高員工羅爾・朗貝克告訴戴維斯：「這裡不是好玩的地方。」而且羅爾來自公關部門。）

本書的核心前提一直都是微縮世界揭露並啟發更大的世界，所以最後我不談樂高，要講另一個短短的故事。這個故事展現出微縮品的力量，可以重新評估歷史紀錄，並對我們以為已知的事情提供新的詮釋。

一八一五年六月，威靈頓公爵剛在滑鐵盧之戰取得勝利，靴子還沾著泥土時，寫下關於這場戰役的長篇權威記錄。這位鐵公爵的簡單敘事迅速確立為普遍共識，他不懈地自我推銷，使得他的記錄很有說服力。一切都發生得很快，煙霧瀰漫、鮮血四濺，成果如此輝煌，所以對大眾來說，他具有公認的智慧，很容易就接受他的說法。人們普遍接受的記錄類似這樣：一八一五年三月，拿破崙在流亡後回來想取得最後的勝利。整個歐洲都動員起來對抗他，所以他決定進攻荷蘭的英普聯軍，他們在六月十八日於滑鐵盧相會。威靈頓接著採防守姿態，擊退反覆進擊的法軍，並果斷發動反擊。普魯士提供了一些支援，但高明的戰術和對地勢的掌握都是威靈頓的功勞。滑鐵盧戰役的最高峰造成五萬人死亡，拿破崙被放逐到聖赫勒拿島，大英帝國主義則進入了強盛的新階段。

但接著在一八三〇年，滑鐵盧戰役結束十五年後，一名叫威廉・西伯恩的軍人啟程檢驗最終時刻的真相。他花八個月在位於比利時的戰場走來走去，寫信給所有還活著的倖存英國軍官。他的發現是犯罪現場重演的突破性案例，首先記載於他寫的兩冊滑鐵盧戰役歷史中，而他的研究約四分之一都只聚焦在同一天：一八一五年六月十八日星期天。將近兩世紀之後，西伯恩的作品仍被視為雖有爭議但重要的記錄，儘管繁複的分析使人讀來難以

2 指英國知名品牌評估機構 Brand Finance 每年公布的全球品牌價值五百強，二〇一五年樂高會排名第一。

威靈頓最小的勝利：這支軍隊為
威廉・西伯恩具爭議的模型進行集合。

下嚥；在把龐雜資訊化約為精確內容時，瑣碎細節經常淹沒了敘事。我們很幸運，西伯恩找到另一種比較清楚的方式來說這個故事：他創造了一座模型。

如同他書寫的歷史，他的模型也同時包含了廣闊範圍和微小細節，在數平方公尺的拼貼綠地上，迷你錫兵正在工作。這座模型長二十一英尺四英寸，寬十九英尺九英寸，比例大約為九英尺比一英里。西伯恩花了八年研究和製作模型，當這座模型於一九三八年首次在倫敦亮相，引發一陣混亂。

這座模型為滑鐵盧戰役提供了完全不同的新詮釋。威靈頓無疑勝過了拿破崙，但出現在那場戰鬥中的其他人，對於威靈頓所指揮的軍力在戰役最高潮時所扮演的角色有所質疑。法軍最後在六月十八日夜晚降臨時投降，有沒有可能其實是普魯士軍隊的功勞？西伯恩的模型有沒有可能導致威靈頓垮台？

三十歲出頭的西伯恩是個有地形圖製圖員經驗的行政中尉，他之前製作的博羅金諾戰役模型因精確度與美學而受到讚揚。英軍總司令羅蘭．希爾爵士和他聯絡，然後他馬上接受了這項新的委託；能以這種方式為國服務是他的榮幸，而且還能為他帶來經濟安全。時任首相的威靈頓留意這座模型正在孕育中，一開始似乎抱著支持的態度。他不認為有干預模型建造的理由，不過這個決定後來將讓他後悔。

西伯恩關於滑鐵盧戰役的文字記錄明白展現出精確性，這點也延伸到他的模型製作。這座模型在都柏林花了三千英鎊建造，大約相當於今日的二十五萬英鎊，當時西伯恩以助理軍事秘書的身分駐紮當地。西伯恩將戰鬥過程凝結在六月十八日晚間約莫七點半，當時法國禁衛軍正與英軍及其盟友對戰；如果那座模型是一部當代戰爭片，這一刻銀幕上就會滿是鮮血與飛在空中的斷肢。

但西伯恩作品中的鄉村風情大於戲劇性。他收到現任軍官的信件，當中提供了關於軍隊隊形的細節，還常附有農田作物狀態和田地是否休耕的報告。西伯恩解釋，身為一名工匠與歷史學家，他的責任是在把每一個手工上漆的錫兵放到草皮上之前，先衡量所有相關資訊。

這座模型於一九三八年十月在皮卡迪利圓環的埃及館首次公開亮相。第一年約有十萬人前來參觀，每人都付了一先令，可以想見許多人都贊同以下這段熱切的好評。「沒什麼比這場景呈現更完美了。不但忠實呈現了地勢起伏，還有每個軍團的位置，並以最精美的方式表現滑膛槍與大砲。」《聯合服務公報》如此提到。

今日，你仍能在切爾西的國家陸軍博物館看到這座模型。就技術層面而言，這是個美好的東西，雖然現在的訪客必須很努力才能分辨哪個部隊是哪個部隊，以及現在可能是誰占上風。模型中有七萬名士兵，代表真實戰役中大約十八萬人；有些已經倒地。模型本來設計為可以分塊以便運送，不過現在這座立體透視模型綜合了各種多媒體特效——飛舞在空中的煙霧、槍響、倒地的人——從這點看，它不太可能在近期移動到任何地方。

你徘徊在這座模型左右，就像面對下完的棋盤。從空中支配著整個場景時，觀者可能感覺像神一樣，對微小的細節和每個人偶受到的細心對待感到敬畏。你看得出來為什麼需要花八年才能完成這座模型，以及為了在微縮化中追求精準，其中的戲劇性何以消失了。我們可以用附加的四個觸控面板辨認關鍵區域和交戰場面，讓詮釋工作變得更容易。

然而，這凝結的終結時刻是虛假的。這和一八三八年展出的模型不太一樣，訴說的內容與西伯恩本來要說的故事完全不同。雖然眾人第一次見到模型場景都表示讚賞，但曾參與滑鐵盧戰役的英軍不贊同布呂歇爾將軍率領的普魯士軍隊在模型中顯得如此強大，表示威靈頓得到的支援遠多於他在戰報中描述的情況；他們聲稱大範圍的假草皮和錫兵使威靈頓公爵的正直與名譽受損。於是，在歧見浮出檯面之後，代表兩萬五千名普魯士軍人的約莫一萬個人偶被從模型展示中移除，大大改變了軍隊部屬的情況。今日，威靈頓指揮的部隊占有的決定性，遠高於西伯恩上尉原本相信的。

消失的普魯士軍人持續引起激烈辯論。有人對西伯恩施壓嗎？那人是不是威靈頓？西伯恩移除普魯士軍人之前，仔細衡量過新的歷史證據，還是因為有人承諾給他經濟報酬？

由於缺乏決定性證據，謎題始終未能解開。西伯恩後來寫到，移除普魯士軍人是他在重新檢視事實之後自己做的決定。但一位如此細心的歷史學家似乎不太可能犯下這樣的大錯，顯示出他可能被迫如此招認。西伯恩因為模型花費而陷入貧困，直到一八四九年他默默過世時都是如此。他完全有可能為了清償債務而修改模型。

另外還有一些其他的觀點，其中最吸引人的由拿破崙專家安德魯・羅伯茲提出。從高處行動時，全知的觀點理應帶來優勢——我們已看到這種視角貫穿本書——在滑鐵盧戰役中，澈底未見這種優勢。但其實戰爭中的雙方本來都有機會採取空中視角，也可能由拿破崙贏得那場戰爭。

這個理論和熱氣球有關。拿破崙注意到孟格菲兄弟的偉大發明可以應用在軍事上：一七八四年，拿破崙當抵達巴黎時，這個消息在法國傳遍各地。一七九四年，一支盡責的熱氣球部隊在弗勒呂戰役中監看敵軍活動，後來熱氣球取代馬背上的士兵，成為較快速的傳訊途徑。但該單位在那之從就解散了，主要是因為熱氣球太常著火了。到了滑鐵盧戰役，空中偵察的安全性提升了，因而再次可行，如果使用熱氣球，拿破崙原本有機會偵查到布呂歇爾的普魯士軍隊在早先利尼的戰役中只有部分遭到擊敗——也可以看到普魯士軍隊在滑鐵盧決戰日做出重大貢獻的兩天前就已進軍到瓦夫爾了。只因少了熱空氣和空中景觀——當然，就是看到微縮地景的能力——歐洲未來的勢力範圍就可能極為不同。

或許微縮品一直都當紅。

微縮品在我們的生命中一直都有恆久而巨大的力量和影響。微縮品在藝術和建築領域隨處可見——象牙上的肖像、小模型（maquette）、迷你雕像的創造性涵義——使偉大的作品變得可能。我們見證了微縮品在軍事和政治圈的影響，也見過了微縮品如何以一比十二的比例凝結歷史中的一段時間。但我認為我們最珍視的，是在家中玩賞微縮品的樂趣。為混亂的世界帶來秩序與啟發——在混亂的世界中，我們可能只有很少的控制感——有能力以此增進人生，這當中的價值再怎麼高估都不過分。將一個以不可思議的迷你尺寸澈底實現的物體握在手中，那種著迷是種圓滿的感受。簡單來說，微縮品讓我們知道如何透過更少的東西觀看、學習、欣賞更多事物。

《縮小人生》這部電影有點不夠精準，但有其洞見，我最喜歡的部分是最後的結尾。周洪飾演的越南社運人士陳玉蘭和麥特．戴蒙飾演的保羅．薩帕尼克正在搭飛機。他們在前往挪威拜訪一堆末日倖存者怪胎之後，正要回到在休閒國小小的家，陳玉蘭用不流利的英文試圖總結她——和我們——的微縮之旅。她辦到了。她的說法是：「你看周遭事物看得更仔細了。」

為了不讓五英寸的麥特・戴蒙專美於前，我決定把自己微縮化。這曾是不可能的事，或需要神奇的藥物，但現在這個流程普遍又合法，於是我在二〇一七年底付了一百九十九英鎊，在東倫敦斯特拉特福西田購物中心的白色鐘型帳篷裡拍攝照片。

這個帳篷由來自格拉斯哥的五十五歲雕刻家強納森・葛斯蘭經營。他的愛好稱為「『迷你』你」（Mini-You），這是3D列印公司iMakr的分公司，他們用一種正在進行促銷的材料把我做成八英寸的3D染色砂岩複合材料製品。我走進帳篷之前，葛斯蘭說明，當十四台一直排的相機從帆布上的洞口探出頭來，對著站在電動平台上緩緩旋轉的我從頭到腳拍下超過四百張照片時，我必須一動也不動（這些設備通常放在iMakr位於倫敦市中心克勒肯維爾路的辦公室裡，但被運到西田購物中心來吸引聖誕購物季的人潮）。我帶了一個艾菲爾鐵塔的小型銅製模型，在我旋轉時捧在手上，但哥斯蘭說這麼做最後可能細節模糊，所以他建議在製作過程中修圖加上一座鐵塔，然後也用3D列印輸出，看起來就會像我一直都捧著它一樣。

我進入帳篷，一隻手插口袋，另一隻空著的手掌心朝上，以準確的角度置於臀部上方。

葛斯蘭說：「三、二、一，別動！」然後平台旋轉，開始拍攝。整個過程不到一分鐘，結束時我看到帳篷後方的顯示螢幕上出現了層層疊疊的影像。這些照片結合、將我重組回一個完整的人之後，這個3D影像就會被傳到3D列印機，再將成品手工上色。

我在幾週後收到了我的迷你我，一如我所預期，看到它的第一眼並不令我不安，而是感到欣慰：成品十分逼真。它看起來有點像沒有包裝盒的可動式人物模型，只不過我無法彎折它的手臂和腿，我的肌肉也沒那麼結實。我手掌中的鐵塔模型——大約一英寸高——非常完美。但我又再次猜對一件事了：我見過類似的人偶，而且我幾年來滿腦子都是微縮品。但其他人是在沒有心理準備下看到我的人偶，他們的反應和我不同：他們大吃一驚。他們驚訝竟然可以做出這種東西，並讚賞其細節。他們對我頭髮的精確度，還有夾克和牛仔褲上的皺褶發表評論。

「但為什麼手上拿的是艾菲爾鐵塔呢？」有些人這麼問道。

致謝

謝謝每一位幫助我完成本書的人。

Canongate 出版社的整個團隊一如往常提供充滿創造力的支援，合作起來樂趣無窮。我想特別感謝我的編輯 Simon Thorogood、Andrea Joyce、Peter Adlington、Anna Frame、Lucy Zhou、Aa'Ishah Hawton、Jenny Fry、Vicki Rutherford、Allegra Le Fanu、Neal Price，當然還有 Jamie Byng。也謝謝 Jenny Todd 和 Jenny Lord 讓整件事動起來。

我很高興首次與 Peter Borland 及他在 Atria Books 出版社的傑出同事合作。

我的經紀人 Rosemary Scoular、United Agents 的 Aoife Rice 和 Natalia Lucas，他們一直都充滿智慧。

有 Seán Costello 擔任我的審稿編輯，向來惠我良多。

我的朋友 Andrew Bud 在還來得及修改幾個嚴重誤解時先閱讀了原稿，感謝老天。

本書中有四個故事（吸墨紙藝術、拉斯維加斯、札哈・哈蒂、維特拉）以其他形式誕生在《觀察家報》、《星期日郵報》、《君子雜誌》，感謝我在那裡的編輯：Allan Jenkins、

Jane Ferguson、Simon Kelner、Johnny Davis。

倫敦圖書館的工作人員幫助我找到許多有用的資料。

許多人向我提供想法和通往微縮世界的連結。有些想法納入本書，但也很多沒有納入，可能因為篇幅有限、不適合、或並非特別好的點子。很多人提醒我要納入《搖滾萬萬歲》裡的迷你巨石陣，但我沒有什麼比原作更棒的話要說：www.youtube.com/watch?v=qAXzzHM8zLw。

衷心感謝Catherine Kanter、Greg Brenman、Renée Knight、Tim Dunn、Heezar Norkus；Jasmine Dhiman、Theo Kotridis和他們的兩件微縮品；Plum與Andy Fraiser和他們的三件微縮品；Hugh Mannzhou、Nicola Dunn、David Robson、Daniel Pick、Brad Auerbach、Andrew Marr、Naomi Frears、John Frears Hogg、Mark Osterfield、Andy Miller、Ben Garfield、Jake Garfield、Robert Dye、Richard Tomlinson、Stephen Byrne。

向我的妻子Justine Kanter致上最高的謝意，也將本書伴隨著愛獻給她。

我希望以下著作和其他資料能提帶領有興趣讀者邁向新的嗜好。但我必須警告你，一旦開始製作模型鐵道或用火柴做東西，更別提看看你的迷幻藥紙片是否還新鮮，你的人生可能不知不覺就過一半了。

參考書目

Bachelard, Gaston, *The Poetics of Space*, translated from the French by Maria Jolas (Beacon Press: Boston, Mass., 1994)

Benson, Arthur, *The Book of the Queen's Dolls' House* (Methuen: London, 1924)

Bondy, Louis W., *Miniature Books: Their History from the Beginnings to the Present Day* (Sheppard Press: London, 1981)

Botz, Corinne May, *The Nutshell Studies of Unexplained Death* (Monacelli Press: New York, 2004)

Bromer, Anne C. and Edison, Julian I., *Miniature Books: 4,000 Years of Tiny Treasures* (Abrams: New York, 2007)

Brown, Kenneth Douglas, *Factory of Dreams: A History of Meccano Ltd* (Crucible Books: Lancaster, 2007)

Calder, Barnabas, *Raw Concrete: The Beauty of Brutalism* (William Heinemann: London, 2016)

Chapman, Jake and Dinos, *Bad Art for Bad People* (Tate Publishing for Tate Liverpool, 2006)

Coombs, Katherine, *e Portrait Miniature in England* (V & A Publications: London, 1998)

Dillon, Patrick and Tilson, Jake, *Concrete Reality: Denys Lasdun and the National Theatre* (National Theatre Publishing: London, 2015)

Duffy, Stephen and Vogtherr, Christoph Martin, *Miniatures in the Wallace Collection* (Wallace Collection, Paul Holberton Publishing: London, 2010)

Elward, Robert, *On Collecting Miniatures, Enamels, and Jewellry* (Arnold: London, 1905)

Fritz, Morgan, *Miniaturization and Cosmopolitan Future History in the Fiction of H.G. Wells* (Science Fiction Studies, DePauw University, Indiana: 2010)

Furneaux, Robin, *William Wilberforce* (Regent College Publishing: London, 1974)

Garrard, Alec, *The Splendour of the Temple* (Candle Books: Oxford, 2000)

Goldhill, Simon, *The Temple of Jerusalem* (Harvard University Press: Cambridge, Mass., 2011)

Harriss, Joseph, *The Eiffel Tower: Symbol of an Age* (Paul Elek: London, 1976)

Hilliard, Nicholas, *A Treatise Concerning the Art of Limning Together With a More Compendious Discourse Concerning Ye Art of Limning by Edward Norgate* (Carcanet Press: Manchester, 1981)

Hofschröer, Peter, *Wellington's Smallest Victory* (Faber and Faber: London, 2004)

Hollander, Ron, *All Aboard! The Story of Joshua Lionel Cowen and His Lionel Train Company* (Workman Publishing: New York, 1981)

Hughes, Robert, *The Shock of the New* (Thames and Hudson: London, 1991)

Jaffe, Deborah, *The History of Toys* (Sutton Publishing: Gloucestershire, 2006)

Jay, Ricky, *Jay's Journal of Anomalies* (Farrar, Straus and Giroux: New York, 2001)

Jonnes, Jill, *Eiffel's Tower* (Viking: New York, 2009)

King, Eileen Constance, *The Collector's History of Dolls' Houses, Doll's House Dolls and Miniatures* (Robert Hale: London, 1983)

Lambton, Lucinda, *The Queen's Dolls' House* (Royal Collection Trust: London, 2010)

Lasc, Anca I., 'A Museum of Souvenirs', *Journal of the History of Collections* vol. 28, no. 1 [2016]; pp. 57–71

Lévi-Strauss, Claude, *The Savage Mind* (University of Chicago

Press: Chicago, 1973) Lloyd, Stephen, *Richard Cosway* (Unicorn Publishing: London, 2005)

McNarry, Donald, *Ship Models in Miniature* (David & Charles: Newton Abbot, 1975)

McReavy, Anthony, *The Toy Story: The Life and Times of Inventor Frank Hornby* (Ebury Press: London, 2002)

Mack, John, *The Art of Small Things* (British Museum Press: London, 2007)

Miller, Daniel, *The Comfort of Things* (Polity Press: Cambridge, 2008)

Moon, Karen, *Modelling Messages: The Architect and the Model* (Monacelli Press: New York, 2005)

Morrison, Tessa, *Isaac Newton and the Temple of Solomon* (McFarland and Company: North Carolina, 2016)

O'Brien, Donough, *Miniatures in the XVIIIth and XIXth Centuries* (B.T. Batsford: London, 1951)

Oldfield, J.R., *Popular Politics and British Anti-Slavery* (Routledge: Oxford, 1998)
Reynolds, Graham, *English Portrait Miniatures* (Cambridge University Press: Cambridge, 1992)
Rugo , Ralph, *The Eye of the Needle: The Unique World of Microminiatures of Hagop Sandaldjian* (Museum of Jurassic Technology: California, 1996)
Schwartz, Hillel, *The Culture of the Copy: Striking Likenesses, Unreasonable Facsimiles* (Zone Books: Brooklyn, 2014)
Sebald, W.G., *The Rings of Saturn* (Harvill Press: London, 1998)
Self, Will, *Grey Area and Other Stories* (Bloomsbury: London, 1994)
Siborne, Captain William, *History of the War in France and Belgium in 1815* (T&W Boone: London, 1841)
Slinkachu, *Little People in the City* (Boxtree: London, 2008)
Slinkachu, *The Global Model Village* (Boxtree: London, 2012)
Stewart, Susan, *On Longing: Narratives of the Miniature, the Gigantic, the Souvenir, the Collection* (Duke University Press: North Carolina, 1992)
Stewart-Wilson, Mary, *Queen Mary's Dolls' House* (Bodley Head: London, 1988)
Stott, Anne, *Wilberforce: Family and Friends* (Oxford University Press: Oxford, 2012)
Taylor, John H., *Egyptian Mummies* (British Museum Press: London, 2010)
Taylor, Joshua Charles (ed.), *Nineteenth-Century Theories of Art* (University of California Press: Berkeley, 1989)
Thorne, James Ward (Mrs), *Miniature Rooms* (Art Institute of Chicago: Chicago, 2004)
Van Danzig, Barry, *Who Won Waterloo? The Trial of Captain Siborne* (UPSO: East Sussex, 2006)
Wells, H.G., *Little Wars: A Game for Boys* (Frank Palmer: London, 1913)
Wells, Rachel, *Scale in Contemporary Sculpture: Enlargement, Miniaturisation and the Life-Size* (Ashgate Publishing: Farnham, Surrey, 2013)
Winslow, Colin, *The Handbook of Model-making for Set Designers* (The Crowood Press: Marlborough, 2008)
Winterstein, Irene, *The Irene Winterstein Collection of Important Miniature Books* (Christie's: London, 2000)
Wood, Marcus, *Blind Memory: Visual Representations of Slavery in England and America* (Routledge: Oxford, 2000)

圖片出處

儘管本書作者與出版社已盡全力聯繫圖片版權所有者，若有關於無法追溯來源之圖片的相關資訊歡迎提供，我們將誠摯感謝，並樂於在再版時進行修正。

Princess Elizabeth visiting Bekonscot © Universal History Archive / UIG via Getty Images; workers painting the Eiffel Tower © Bettman / Getty Images; shabti © Shabti of Seti I / De Agostini Picture Library / G. Dagli Orti / Bridgeman Images; visitors to Bekonscot © Simon Garfield; Pendon plan © Pendon Museum Collection; 'Description of a Slave Ship', 1789 (print), English School (18th century) / Wilberforce House, Hull City Museums and Art Galleries, UK / Bridgeman Images; model of the slave ship 'Brookes' used by William Wilberforce (1759 –1833) in the House of Commons to demonstrate conditions on the middle passage, 18th century (wood) / Wilberforce House, Hull City Museums and Art Galleries, UK / Bridgeman Images; the Maria Fitzherbert Jewel (w/c on ivory in diamond-studded locket), British School (19th century) / Private Collection / Photo © Christie's Images / Bridgeman Images; H.G. Wells, 'Little Wars' © Illustrated London News Ltd / Mary Evans; Queen Mary's doll's house © Topical Press Agency / Getty Images; Frances Glessner Lee © Glessner House, Chicago, IL; Albert Einstein blotter art © Simon Garfield; Rod Stewart, photography by Hal Reynolds; Alec Garrard © Geo Robinson Photography; Zaha Hadid © Christopher Pillitz / Getty Images; Las Vegas Strip © Ethan Miller / Getty Images; Philip Warren © BNPS.co.uk; 'The Sum of All Evil' © Anthony Wallace / AFP / Getty Images; AiWeiWei © Simon Garfield; National Theatre © Ron Case / Keystone / Getty Images; Vitra Museum © Simon Garfield; Mona Lisa © Simon Garfield; 'The Last Supper' by Willard Wigan MBE, as photographed by R.J. Baddeley. Copyright © R.J. Baddeley; 'Economies of Scale' © Slinkachu; model of the Battle of Waterloo © Royal Armouries

中英文名對照表

人名

凡妮莎·蕾格烈芙 Vanessa Redgrave
凡德羅 Van der Rohe
大衛·克羅斯比 David Crosby
小漢斯·霍爾班 Hans Holbein the Younger
丹尼斯·拉斯登 Denys Lasdun
丹妮絲·高夫 Denise Gough
內文森 C.R.W. Nevinson
巴舍拉 Gaston Bachelard
巴特曼 H.M. Bateman
巴茲·艾德林 Buzz Aldrin
毛姆 Somerset Maugham
水牛比爾 Buffalo Bill
加斯東·巴舍拉 Gaston Bachelard
卡地亞 Cartier
卡洛琳·布蘭登 Caroline Brandt
卡爾·安德烈 Carl Andre
卡爾·腓特烈·辛克爾 Karl Friedrich Schinkel
卡羅琳公主 Princess Caroline
古希爾 Simon Goldhill
古斯塔夫·霍爾斯特 Gustav Holst
史丹利·吉本斯 Stanley Gibbons
史丹利·馬庫斯 Stanley Marcus
史坦尼斯拉夫·柯年科 Stanislav Konenko
史坦斯 Stans
史都華·潘托 Stuart Pantoll
史提夫·卡爾 Steve Carell
史蒂夫·韋恩 Steve Wynn
史蒂芬·戴爾卓 Stephen Daldry
史蒂芬·洛伊德 Stephen Lloyd
史蒂芬·赫茲 Stephan Hertz
尼可拉斯·希利亞德 Nicholas Hilliard

尼可拉斯・格林蕭 Nicholas Grimshaw
尼爾・楊 Neil Young
尼爾森・漢彌爾頓 Nelson Hamilton
尼邁耶 H. Niemeyer
布呂歇爾將軍／親王 General/Prince Blücher
布胡列克兄弟 Ronan and Erwan Bouroullec
弗拉迪米爾・克利奇科 Wladimir Klitschko
弗拉迪米爾・阿尼斯金 Vladimir Aniskin
弗拉基米爾大公 Grand Duke Vladimir
札哈・哈蒂 Zaha Hadid
皮爾斯・摩根 Piers Morgan
伊沃・凡・霍夫 Ivo Van Hove
伊妮・布萊敦 Enid Blyton
伊姆斯夫婦 Charles and Ray Eames
伊迪絲・華頓 Edith Wharton
伊恩・麥克尼爾 Ian MacNeil
列斯科夫 Nikolai Semyonovich Leskov
列維娜・提爾林克 Levina Teerlinc
吉卜林 Rudyard Kipling
吉米・巴菲特 Jimmy Buffet
吉米・高迪 Jimmy Cauty
吉姆・加夫尼 Jim Gaffney

吉姆・帕金森 Jim Parkinson
吉林格 L.T. Gieringer
安・波莫 Anne Bromer
安妮・歐克利 Annie Oakley
安東尼・卡羅 Anthony Caro
安德魯・加菲爾德 Andrew Garfield
安德魯・羅伯茲 Andrew Roberts
托雷・加勒蒂亞 Torre Galatea
朱利安・愛迪生 Julian Edison
艾伯特・霍夫曼 Albert Hoffman
艾洛・阿尼奧 Eero Aarnio
艾莉・艾里森 Ally Ireson
艾莉斯 Iris
艾瑞卡 Erika
艾爾加 Elgar
艾瑪・漢彌爾頓 Emma Hamilton
艾德蒙・杜拉克 Edmund Dulac
西蒙・阿米蒂奇 Simon Armitage
佛斯特 E.M. Forster
佛瑞斯特 Forester
佛蘭普頓爵士 Sir George Frampton
克里克 Crick

克里斯·歐菲利 Chris Ofili
克里斯多佛·雷恩爵士 Sir Christopher Wren
克里維斯的安妮 Anne of Cleves
克拉倫斯公爵 Duke of Clarence
克萊德·寇爾 Clyde Coil
利康堤 Likonti
吳爾芙 Virginia Woolf
希斯·羅賓遜 W. Heath Robinson
李杜史卓夫先生 Herr Lidusdroph
李維史陀 Claude Lévi-Strauss
沃格爾 Robert M. Vogel
沙特爾斯維爾 Shartlesville
罕醉克斯 Hendrix
貝特洛·萊伯金 Berthold Lubetkin
貝爾佐尼 Giovanni Battista Belzoni
里昂·布洛瓦 Leon Bloy
亞伯拉罕·范德多 Abraham Van der Doort
亞契 Achille “Archie” J. St. Onge
亞瑟·拉克姆 Arthur Rackham
亞瑟·阿斯基 Arthur Askey
亞歷克·加拉德 Alec Garrard
周洪 Hong Chau
奈森·連恩 Nathan Lane
孟格菲兄弟 Montgolfier brothers
尚·普魯維 Jean Prouve
居斯塔夫·艾菲爾 Gustave Eiffel
帕吉特·鮑威爾 Padgett Powell
彼得·普瑞安 Peter Pran
拉比雅各·猶大·里昂 Jacob Judah Leon
拉法葉將軍 Marquis de Lafayette
拉封丹 Jean De La Fontaine
明尼·西摩 Minney Seymour
東尼·庫許納 Tony Kushner
法蘭西絲·格雷斯諾·李 Frances Glessner Lee
法蘭克·蓋瑞 Frank Gehry
波西·斯皮爾曼 Percy Spielmann
阿杜思·曼尼修斯 Aldus Manutius
阿納托利·伊凡諾維奇·柯年科 Anatoly Ivanovich Konenko
阿瑟·韋爾斯利 Arthur Wellesley
阿嘉莎·克莉絲蒂 Agatha Christie
阿諾·葛史溫特納 Arno Gschwendtner
阿爾伯托·賈克梅蒂 Alberto Giacometti
保羅·奈許 Paul Nash

哈古普・桑達爾迪昂 Hagop Sandaldjian
哈利・伯托埃 Harry Bertoia
威利・費爾包 Willi Fehlbaum
威拉德・威根 Willard Wigan
威海姆・弗立克 Wilhelm Fricke
威廉・古柏 William Cowper
威廉・尼可森 William Nicholson
威廉・皮克林 William Pickering
威廉・艾爾福特 William Elford
威廉・西伯恩 William Siborne
威廉・克利爾 William Cleere
威廉・希金 William Hickey
威廉・阿夸維拉 William Acquavella
威廉・哈茲列特 William Hazlitt
威廉・威伯福斯 William Wilberforce
威廉・科貝特 William Cobbett
威廉・泰爾 William Tell
威廉・強森 William H. Johnson
威廉・惠斯頓 William Whiston
威廉・斯托頓 William Stourton
威廉・黑克勒 William Heckler
威爾・塞爾夫 Will Self

查爾斯・卡羅爾 Charles Corrall
柯南道爾爵士 Sir Arthur Conan Doyle
洛・史都華 Rod Stewart
派崔克・赫倫 Patrick Heron
珍・西摩 Jane Seymour
科林・梅・伯茲 Corinne May Botz
約阿希姆・于爾斯 Joachim Jürs
約書亞・威治伍德 Josiah Wedgwood
約書亞・萊諾・考恩 Joshua Lionel Cowen
約瑟夫斯 Josephus
約翰・吉爾古德 John Gielgud
約翰・伯特 John Burt
約翰・坦尼爾爵士 Sir John Tenniel
約翰・海因里希・麥本 Johann Heinrich Meibom
約翰・梅耶特 John Myatt
約翰・葛洛夫 John Grove
迪諾斯・查普曼 Dinos Chapman
唐納・麥奈利 Donald McNarry
埃斯・德夫林 Es Devlin
夏洛特・巴里 Charlotte Barry
恩葛拉卡 Englaca
朗・荷蘭德 Ron Hollander

根特爾 Günther
格里特・瑞特威爾德 Gerrit Rietveld
格蘭維爾・夏普 Granville Sharp
桃樂絲・尤渥 Dorothy Yule
桑尼・李斯頓 Sonny Liston
泰瑞・吉連 Terry Gilliam
泰瑞・湯普森 Terry Thompson
海倫・阿林漢 Helen Allingham
烏比尼 Ubini
特蕾莎女王 Empress Maria Theresa
班克斯 Banksy
班森 A.C. Benson
班雅明 Walter Benjamin
班・楊 Ben Young
納西莎・尼布萊克・索恩 Narcissa Niblack Thorne
馬克・史卡力奧特 Mark Scaliot
馬克・格特勒 Mark Gertler
馬克・紐森 Marc Newson
馬克・麥可勞德 Mark McCloud
馬修・羅培茲 Matthew Lopez
馬庫斯・伍德 Marcus Wood
馬特奧・克里斯 Mateo Kries

馬賽爾・萬德斯 Marcel Wanders
高第 Antoni Gaudi
密德頓爵士 Sir Charles Middleton
強尼・戴維斯 Johnny Davis
強納森・史威夫特 Jonathan Swift
強納森・葛斯蘭 Jonathan Goslan
梅克爾 Angela Merkel
理查・吉布森 Richard Gibson
理查・考斯威 Richard Cosway
理查・克利爾 Richard Cleere
理查・羅傑斯 Richard Rogers
理查森 T.A. Richardson
荷倫布 Hornebolte / Horenbout
莫泊桑 Guy de Maupassant
麥可・阿維—約拿 Michael Avi-Yonah
傑克・查普曼 Jake Chapman
傑羅姆 Jerome K. Jerome
凱倫・穆恩 Karen Moon
凱提青曼 Kitichingman
凱薩琳・庫姆斯 Katherine Coombs
勞拉・奈特 Laura Knight
勞倫斯・奧立佛爵士 Sir Laurence Olivier

喬・蘭斯頓 Jo Langston
喬治・洛伊斯 George Lois
喬治・吉伯特・史考特 George Gilbert Scott
喬治・伯吉斯・麥格拉斯 George Burgess Magrath
喬治・馬丁 George R. R. Martin
喬治・維泰爾 Georges Vitel
喬治・摩蘭 George Morland
喬治安娜 Georgiana
提姆・鄧恩 Tim Dunn
提摩西・李瑞 Timothy Leary
斯林卡丘 Slinkachu
普拉托夫將軍 Count Platov
湯瑪斯・克拉克森 Thomas Clarkson
湯瑪斯・亞伯拉姆斯 Thomas Abrams
湯瑪斯・哈代 Thomas Hardy
湯瑪斯・湯皮恩 Thomas Tompion
猶大・里昂・坦普洛 Judah Leon Templo
華生 Watson
菲利浦・伍德 Philip Wood
菲利浦・華倫 Philip Warren
萊爾・佛克森 Lyle Fulkerson
費爾南・雷捷 Fernand Léger
費德里克・布勞恩 Frederik Braun
塞西爾・比頓 Cecil Beaton
塞提一世 Seti I
奧立佛・克倫威爾 Oliver Cromwell
奧斯伯・蘭開斯特 Osbert Lancaster
奧斯曼 Haussmann
奧登 Auden
奧諾雷・米拉波 Comte de Mirabeau
愛德華・諾格特 Edward Norgate
愛德溫・勒琴斯 Edwin Lutyens
楚門・柯波帝 Truman Capote
瑞奇・傑伊 Ricky Jay
瑞秋・懷瑞德 Rachel Whiteread
瑟巴爾特 W.G. Sebald
葛哈・肖特 Gerhard Schott
葛哈・道舍爾 Gerhard Dauscher
葛楚・傑克爾 Gertrude Jekyll
葛瑞特・布勞恩 Gerrit Braun
葛瑞翰・納許 Graham Nash
詹姆斯・沃德・索恩 James Ward Thorne
詹姆斯・拉姆齊 James Ramsay
詹姆斯・懷爾德 James Wyld

路西法 Lucifer
路易—菲利浦 Louis-Philippe
路易·貝托洛托 Louis Bertolotto
路易·邦迪 Louis W. Bondy
路易斯·卡洛爾 Lewis Carroll
達米恩·赫斯特 Damien Hirst
達利 Salvador Dali
雷 Ry
雷夫·魯戈夫 Ralph Rugoff
雷·布萊伯利 Ray Bradbury
漢斯·韋格納 Hans Wegner
瑪土撒拉 Methuselah
瑪姬·凱瑟克·詹克斯 Maggie Keswick Jencks
瑪麗安妮·艾利奧特 Marianne Elliott
瑪麗亞·費茲賀伯 Maria Fitzherbert
瑪麗·露易絲公主 Princess Marie Louise
碧雅翠絲·波特 Beatrix Potter
維納·潘頓 Werner Panton
翠西·艾敏 Tracey Emin
豪斯曼 A.E. Housman
赫伯特·喬治·威爾斯 H. G. Wells
赫胥黎 Aldous Huxley
赫曼·米勒 Herman Miller
赫曼·赫塞 Hermann Hesse
潔西·波頓 Jessie Burton
潘妮 Penny
澤貝紐·里貝拉 Zbigniew Libera
盧卡斯·荷倫布 Lucas Hornebolte
盧克萊修 Lucretius
蕭伯納 George Bernard Shaw
霍華·波特 Howard Porter
鮑伯·克勞利 Bob Crowley
戴維·瓊斯 Davy Jones
謝培德 Ernest Shepard
薩松 Siegfried Sassoon
懷娥特·崔佛希斯 Violet Trefusis
羅夫·費爾包 Rolf Fehlbaum
羅伊·英格蘭 Roye England
羅伯·休斯 Robert Hughes
羅伯·克朗布 Robert Crumb
羅伯·格雷夫斯 Robert Graves
羅伯·梅波索普 Robert Mapplethorpe
羅伯特·修斯 Robert Hughes
羅伯特·哈金斯·高達德 Robert Hutchings Goddard

羅斯柴爾德勳爵 Lord Rothschild
羅傑・達崔 Roger Daltrey
羅爾・朗貝克 Roar Trangbaek
羅蘭・希爾爵士 Sir Rowland Hill
羅蘭・羅伯・卡林漢 Roland Robert Callingham
蘇珊・尤渥 Susan Yule
蘇珊・史都華 Susan Stewart
蘇菲・賀斯里 Sophy Horsley
蘇菲・瑞斯—瓊斯 Sophie Rhys-Jones
蘭登・萊爾德 Landon Laird
蘭賽爾爵士 Sir Edwin Landseer
露辛達・蘭布頓 Lucinda Lambton
讓・克魯埃 Jean Clouet

地名

丹地 Dundee
什勒斯維希—霍爾斯坦邦 Schleswig-Holstein
切爾西 Chelsea
厄斯特貢 Esztergom
太陽海岸 Costa del Sol
巴巴科姆 Babbacombe
文納特卡 Winnetka
比肯斯菲爾德 Beaconsfield
比隆 Billund
卡達多哈 Doha
史特拉福 Stratford
布蘭德福德 Blandford
弗雷辛菲爾德 Fressingfield
瓦夫爾 Wavre
白馬谷 Vale of White Horse
皮寇里韋拉 Pico Rivera
多塞特 Dorset
安那波利斯 Annapolis
托奇 Torquay
艾塞克斯 Essex
克恩頓邦 Carinthia
克勒肯維爾 Clerkenwell
利尼 Ligny
沃夫漢普頓 Wolverhampton
沃靈頓 Warrington
底比斯 Theban
東盎格利亞 East Anglia
法夫 Fife
波特蘭坊 Portland Place

肯特郡 Kent
阿斯科特 Ascot
阿賓頓 Abingdon
俄斐勒區 Ophel Quarter
哈克尼 Hackney
春田市 Springfield
柯科迪 Kirkcaldy
倉庫城 Speicherstadt
埃朗庫爾 Élancourt
根特 Ghent
格里尼 Grigny
格里姆斯比 Grimsby
格洛斯特郡 Gloucestershire
納許維爾 Nashville
馬里波恩 Marylebone
馬格斯菲特 Macclesfield
馬斯垂克 Maastricht
高地史杜 Stow-on-the-Wold
康瓦耳 Cornwall
梅費爾 Mayfair
博格諾里吉斯 Bognor Regis
博德明 Bodmin

斯托克波特 Stockport
萊伊 Rye
隆威頓漢 Long Wittenham
塔克托尼亞 Tucktonia
溫布利 Wembley
溫莎 Windsor
溫斯菲爾德 Wednesfield
滑鐵盧 Waterloo
聖莫里茲 St Moritz
蒂珀雷里 Tipperary
蒂普城 Tipp City
路克索 Luxor
圖們 Tyumen
達特穆爾 Dartmoor
漢普斯特德 Hampstead
維倫洛斯 Würenlos
赫爾 Hull
德文 Devon
德福郡 Bedfordshire
濱海韋斯頓 Weston-Super-Mare
薩里 Surrey
薩福克 Suffolk

魏爾 Weil
懷特島 Isle of Wight
羅奇代爾 Rochdale

地景

皮卡迪利圓環 Piccadilly
卡瑟爾岩 Rock of Cashel
特拉法加廣場 Trafalgar Square
索普公園 Thorpe Park
萊斯特廣場 Leicester Square
溫克里德紀念碑 Winkelried Monument
盧加諾湖 Lake Lugano

書籍

《土星環》*The Rings of Saturn*
《大英百科全書》*Encyclopaedia Britannica*
《山上寶訓》*The Sermon on the Mount*
《日曆與誕生石》*Calendar and Birth Stone*
《世界大戰》*The War of the Worlds*
《四季的草花》*Shiki no Kusabana*
《左撇子》*Levsha*
《未來事物的樣貌》*The Shape of Things To Come*
《地板遊戲》*Floor Games*
《如果》*If*
《艾菲爾鐵塔的電梯系統》*Elevator Systems of the Eiffel Tower*
《吸墨紙穀倉熱門精選》*Blotter Barn Hits*
《沉睡者甦醒》*The Sleeper Awakes*
《花語》*Language of Flowers*
《娃娃屋》*The Miniaturist*
《柯立芝自傳節錄本》*Extract from the Autobiography of Calvin Coolidge*
《時間機器》*The Time Machine*
《格列佛遊記》*Gulliver's Travels*
《桅帆裝配的藝術》*The Art of Rigging*
《紙製建築模型的藝術》*The Art of Architectural Modelling In Paper*
《莫羅博士島》*The Island of Doctor Moreau*
《袖珍書：四千年的迷你珍寶》*Miniature Books: 4,000 Years of Tiny Treasures*
《袖珍書出版者自傳》*Autographs of Miniature Book Publishers*
《袖珍畫，描繪的藝術》*Miniatura, or the Art of Limning*
《寓言》*Fables*

《最受好評的抒情英文歌曲》*The Most Approved Sentimental English Songs*
《發動激烈和平》*Waging Heavy Peace*
《給模型船建造者的木板鋪設技術指南》*Planking Techniques for Model Shipbuilders*
《華生怎麼學把戲》*How Watson Learned The Trick*
《黃道十二宮及其符號》*The Zodiacal Signs and Their Symbols*
《微型戰爭》*Little Wars*
《微縮模型船》*Ship Models in Miniature*
《愛麗絲鏡中奇緣》*Alice Through The Looking Glass*
《新馬基維利》*The New Machiavelli*
《疑問語氣》*The Interrogative Mood*
《暴龍大戰燈芯絨小子》*Tyrannosaurus Rex Versus the Corduroy Kid*
《模型村》*Model Villages*
《模型訊息》*Modeling Messages*
《論渴望》*On Longing*
《澳洲怪信箱》*Australian Quirky Letter Boxes*
《積小成多》*Many Littles Make a Much*
《蟎》*The Mite*
《隱形人》*The Invisible Man*
《蘇菲的專輯》*Sophy's Album*
《議會歷史》*Parliamentary History*
《魔法村莊》*The Enchanted Village*
《變色龍》*Chameleon*

報章雜誌

《大眾機械》*Popular Mechanics*
《君子雜誌》*Esquire*
《每日電訊報》*Daily Telegraph*
《明鏡》*Der Spiegel*
《果殼新聞》*Nutshell News*
《室內世界》*The World of Interiors*
《封丹》*Fontaine*
《建築實錄》*Architectural Record*
《星期日郵報》*Mail on Sunday*
《時代報》*Le Temps*
《密蘇里春田共和報》*Springfield Missouri Republican*
《堪薩斯城星報》*Kansas City Star*
《富比士》*Forbes*
《畫報》*Bild*
《經典玩具火車》*Classic Toy Trains*
《聖路易斯郵報》*St Louis Post-Despatch*

《漢堡晚報》*Hamburger Abendblatt*
《噴趣》*Punch*
《模型鐵路玩家》*Model Railroader*
《聯合服務公報》*United Service Gazette*
《觀察家報》*Observer*

影劇作品

《文明的軌跡》*Civilisation*
《此情可問天》*Howard's End*
《客人變成豬》*Le Dîner de Cons*
《星際異攻隊》*Guardians of the Galaxy*
《玻璃偵探》*An Inspector Calls*
《美國天使》*Angels in America*
《神父泰德》*Father Ted*
《逍遙騎士》*Easy Rider*
《搖滾萬萬歲》*This Is Spinal Tap*
《萬能昆恩》*The Mighty Quinn*
《雷鳥神機隊》*Thunderbirds*
《舞動人生音樂劇》*Billy Elliot: The Musical*
《億萬積木大賽》*The Billion Brick Race*
《樂高玩電影》*The Lego Movie*
《樂高旋風忍者電影》*The Lego Ninjago Movie*
《樂高蝙蝠俠電影》*The Lego Batman Movie*
《豬頭晚餐》*Dinner for Schmucks*
《骷髏舞》*Dancing Skeletons*
《縮小人生》*Downsizing*
《藝術家整天都在幹嘛？》*What Do Artists Do All Day?*
《繼承》*The Inheritance*
《魔法師的學徒》*Sorcerer's Apprentice*

詩文、繪畫、歌曲、藝術作品

〈不快樂兒童餐〉Unhappy Meals
〈火焰背景前的年輕男子〉Young Man Against a Flame Background
〈失羊的寓言〉The Parable of the Lost Sheep
〈收穫〉Harvest
〈完美火柴〉The Perfect Match
〈村落〉Place Village
〈邪惡的總和〉The Sum of All Evil
〈來自圖拉的鬥雞眼左撇子與鋼製跳蚤的故事〉The Tale of Cross-Eyed Lefty From Tula and the Steel Flea
〈所有和我睡過的人〉Everyone I Have Ever Slept With
〈玩樂的終結〉The End of Fun
〈金心〉Heart of Gold

〈美好世界〉Wonderful World
〈破碎的夢〉Broken Dreams
〈祖國召喚〉Motherland Calls
〈規模經濟〉Economies of Scale
〈麥前的農婦〉Peasant Woman Against a Background of Wheat
〈勞動麥當勞薯條〉Arbeit McFries
〈最後的晚餐〉The Last Supper
〈該死的地獄〉Fucking Hell
〈像豬一樣活著和思考〉To Live and Think Like Pigs
〈瘋帽午茶派對〉Mad Hatter's Tea Party
〈緊握一隻雲中之手的年輕男子〉Young Man Clasping a Hand From a Cloud
〈蒙娜麗莎〉Mona Lisa
〈說瞎話〉Jabberwocky
〈戰爭的災難〉Disasters of War

模型村

巴巴科姆模型村 Babbacombe
戈茲希爾模型村 Godshill
水上伯頓模型村 Bourton-on-the-Water
叮噹福特模型村 Tinkleford
貝肯斯科特模型村 Bekonscot
法國小人國 France Miniature
迪士馬樂園 Dismaland
迷你世界 Minimundus
迷你加泰隆尼亞 Catalunya en Miniatura
馬德羅丹小人國 Madurodam
彭頓模型村 Pendon
斯諾希爾莊園 Snowshill Manor
微縮景觀世界 Miniatur Wunderland
瑞士小人國 Swissminiatur
路邊美國 Roadside America
維特拉園區 Vitra Campus

飯店

大都會飯店 The Cosmopolitan of Las Vegas
永利拉斯維加斯度假村與鄉村俱樂部 Wynn Las Vegas Resort and Country Club
石中劍飯店 Excalibur Hotel
百樂宮飯店 Bellagio Hotel
林尼克飯店 Linq Hotel
金殿飯店 Mirage Hotel
金銀島飯店 Treasure Island

金磚飯店 Golden Nugget
阿麗雅飯店 Aria Resort
威尼斯人飯店 Venetian hotel
高地飯店 Highland Hotel
曼德勒海灣飯店 Mandalay Bay Resort
聖地飯店 Holy Land Hotel
瑪格麗塔維爾度假村 Margaritaville Resort
維達拉飯店 Vdara Hotel
德拉諾飯店 Delano Las Vegas

協會機構

大英帝國展覽會 British Empire Exhibition
史密森尼學會 Smithsonian
芝加哥歷史協會 Chicago Historical Society
建築聯盟學院 Architectural Association
英國皇家建築師學會 RIBA
格洛里亞俱樂部 Grolier Club
袖珍書協會 Miniature Book Society
貴格會 Quakers
費諾科學中心 Phaeno Science Centre

事務所、出版社

凸版印刷株式會社 Toppan Printing Co.
梅李公園出版社 Plum Park Press
袖珍書出版社 Miniaturbuchverlag
塔馬孫查萊出版社 Tamazunchale Press
福斯特建築事務所 Foster and Partners
赫爾佐格與德梅隆建築事務所 Herzog & de Meuron
諸如此類出版社 Somesuch Press

博物館、畫廊

三一畫室 Trinity House Paintings
以色列博物館 Israel Museum
休伯特博物館 Hubert's Museum
艾伯特與雪莉小型特藏圖書館 Albert and Shirley Small Special Collections Library
里伯倫博物館 Liberace Museum
芝加哥藝術博物館 Art Institute of Chicago
泰特不列顛美術館 Tate Britain
海沃德美術館 Hayward Gallery
動能博物館 Museum of Power
蛇型藝廊薩克勒分館 Serpentine Sackler Gallery
喬治・佩蒂畫廊 Galerie Georges Petit
達利博物館 Dali museum

漢堡歷史博物館基金會 Stiftung Historische Museum Hamburg
維多利亞與艾伯特博物館 V&A Museum
羅蘭與德貝爾尼鑄造廠 Laurent et Deberny

品牌與商家

小小世界 A Small World
巴賽特—洛克鐵道模型 Bassett-Lowke
尼曼・馬庫斯百貨 Neiman Marcus
安修女的生日蛋糕 Mother Anne's Birthday Cake
艾夫斯鐵道模型 Ives
宏比鐵道模型 Hornby
貝爾維微縮品 Bellevue Miniatures
哈洛德百貨 Harrods
哈迪兄弟公司 Hardy Bros Ltd
約翰・威斯登公司 John Wisden and Co Ltd
郎德爾、布里奇與郎德爾珠寶行 Rundell, Bridge & Rundell
桑格斯基與薩克利夫公司 Sangorski & Sutcliffe
馬克林公司 Märklin
莫馬特藝術儲藏設施 Momart
凱西・安的微縮品 Cathy Anne's Miniatures
博爾丁父子公司 J. Bolding & Sons
萊諾實業公司 Lionel Manufacturing Company
詹姆斯・普迪父子公司 James Purdey & Sons Ltd
維特拉家具 Vitra
賓公司 Bing

其他

K基金會 K Foundation
皮納斯船 Pinasschip
米示拿 Mishnah
法樂汽車模型 Faller Car System
祕密行動雲霄飛車 Stealth
森林家族玩具 Sylvanian Families
集寶保險箱 Chubbsafes
塞巴斯蒂的默基塔爾肖像 Mekhitar of Sebaste
塞斯韋爾B核反應爐 Sizewell B

艾菲爾鐵塔到底能縮多小

一部知識豐富、熱情洋溢的人類微縮文化史×模型博物誌

IN MINIATURE

How Small Things Illuminate the World

作　　者　賽門・加菲爾／Simon Garfield
譯　　者　吳莯
社　　長　陳蕙慧
副總編輯　戴偉傑
責任編輯　翁仲琪
封面設計　蔡南昇
內頁排版　黃暐鵬
行銷企畫　陳雅雯、尹子麟、余一霞、洪啟軒

讀書共和國集團社長　郭重興
發行人暨出版總監　曾大福
出　　版　木馬文化事業股份有限公司
發　　行　遠足文化事業股份有限公司
231新北市新店區民權路108-4號8樓
電　　話　(02) 2218-1417
傳　　真　(02) 8667-1065
E-Mail　service@bookrep.com.tw
郵撥帳號　19588272木馬文化事業股份有限公司
客服專線　0800-221-029
法律顧問　華洋國際專利商標事務所 蘇文生律師
印　　刷　前進彩藝有限公司
初版一刷　2020年7月

定　　價　380元
ISBN　978-986-359-813-8

艾菲爾鐵塔到底能縮多小：一部知識豐富、熱情洋溢人類微縮文化史×模型博物誌／賽門・加菲爾（Simon Garfield）著；吳莯譯. －初版.－新北市：木馬文化出版；遠足文化發行，2020.07
面；　公分.－(木馬人文)
譯自：In miniature : how small things illuminate the world.
ISBN 978-986-359-813-8（平裝）
1.微縮資料 2.模型 3.文化 4.世界史
713　　109008901